아임 스틸 히어

아임 스틸 히어

나는 지금도
여기에 있다

오스틴 채닝 브라운　　　　　　황가한 옮김

바람이불어오는곳

I'M STILL HERE
Black Dignity in a World Made for Whiteness
by Austin Channing Brown

Copyright ⓒ 2018 by Austin Channing Brown
All rights reserved.

Korean translation copyright ⓒ 2025 by Where the Wind Blows
This translation published by arrangement with Convergent Books,
an imprint of Random House, a division of Penguin Random House LLC
through EYA Co., Ltd.

이 책의 한국어판 저작권은 EYA Co., Ltd를 통해 Convergent Books와 독점
계약한 바람이 불어오는 곳에 있습니다. 저작권법에 의하여 한국 내에서
보호를 받는 저작물이므로 무단 전재 및 복제를 금합니다.

흑인의 존엄과 사랑의 화신이었던
나의 할머니 G. 재클린 홀리에게 이 책을 바친다.

차례

**1**
백인들은 사람을
피곤하게 한다 _ 13

**2**
스페이드
게임 _ 30

**3**
조화의
이면 _ 49

**4**
여기에
친구는 없다 _ 64

**5**
직장 생활에서
접하는 백인성 _ 83

막간
내가 흑인 여성이라는 점이
자랑스러운 이유 _ 100

**6**
백인의
연약함 _ 105

**7**
선량한
백인들 _ 123

**8**
우리가 하는
이야기 _ 140

**9**
**창의적 분노** _ 150

막간

**자칭 반인종주의적인
조직 내의 인종주의에서
살아남는 방법** _ 161

**10**
**공포의 의례** _ 165

**11**
**피고를 위한
신** _ 175

**12**
**우리는 지금도
여기에 있다** _ 187

막간

**아들에게
보내는 편지** _ 202

**13**
**정의 다음에 화해** _ 207

**14**
**희망의 그늘 속에서
견디기** _ 218

**감사의 말** _ 228
**옮긴이의 말** _ 231

**추천의 글**

"여성들의 이야기를 조명하고 거기에 귀 기울이는 일은 리즈 북클럽의 핵심 가치이다. 나는 이 읽기 공동체가 여성의 서사를 지지하고 있다는 사실이 참으로 자랑스럽다…… 오스틴 채닝 브라운의 『아임 스틸 히어』는 미국에서 흑인 여성으로 살아온 저자의 개인적 경험을 바탕으로 한 회고록이자, 우리 사회가 어떻게 인종차별을 지속하고 있는지를 깊이 들여다보게 해 주는 책이다. 오스틴의 강렬한 글은 그동안 가려져 있던 현실을 보게 해 주었고 나의 눈을 열어 주었다."

**리즈 위더스푼** | 배우, '리즈 북클럽' 운영자

"탁월한 회고록 작가 오스틴 채닝 브라운은 미국의 인종주의를 고발하는 강력한 선언문을 우리 앞에 내놓았다. 이 책은 타너하시 코츠와 미셸 알렉산더의 저작들과 나란히 놓일 것이며, 수많은 이들의 마음을 열고 사고를 확장하는 열쇠가 될 것이다. 흔들림 없는 용기와 진실한 언어로 자신의 삶을 풀어낸 이 책은 세상을 바꾸는 한 여성의 목소리가 얼마나 깊고 강력할 수 있는지를 보여 준다."

**글렌넌 도일** | 『언테임드』 저자

"오스틴은 내가 가장 신뢰하는 스승 중 한 사람이다.『아임 스틸 히어』는 고통스럽고 아름다우며 결코 잊을 수 없는 책이다. 이 책은 미온적인 반응을 허용하지 않는다. 그녀의 목소리는 맑고 단호하며, 독자의 마음을 감동시키고 도전하며 아프게 한다. 예언자적이면서도 다정한 이 책을 나는 내가 아는 모든 이에게 전할 것이다. 그리고 그녀와 함께 백인 우월주의의 해체에 동참할 것이다. 오스틴은 지금도 여기에 있고, 나 또한 그녀와 함께할 것이다."

**젠 해트메이커 |『혼돈과 용기 속에서』저자**

"노련한 인종 정의 운동가의 놀라운 데뷔작. 오스틴은 흑인성을 강하게 긍정하면서도 기독교 안에 깊숙이 스며든 백인 우월주의를 날카롭게 해체한다. 나는 그녀를 신뢰하고, 그녀의 말에 귀 기울이고, 그녀의 말에서 배운다. 이 책을 읽는 독자들 또한 그러하길 바란다."

**크리스티나 클리블랜드 | 듀크대학교 교수,**
**『그리스도 안의 불일치』저자**

"책을 읽는 내내 나는 웃었고, 눈물을 삼켰고, 기쁨과 희망과 아픔 속에 깊은 성찰을 경험했다. 오스틴은 미국의 흑인들이 느끼는 현실을 정직하고 아름답게 담아냈다. 그녀는 자신의 이야기를 들려주지만, 동시에 우리 모두의 이야기를 말하고 있다. 오스틴은 우리 모두에게 주어진 귀한 선물이다."

**레크레이 | 그래미 수상 아티스트,『언어셰임드』저자**

"강렬하다…… 브라운은 화려한 말보다 그 말한 바를 삶으로 살아 내라고 요구한다."

『퍼블리셔스 위클리』

"오스틴 채닝 브라운의 이 놀라운 책을 나는 앉은 자리에서 단숨에 읽었다. 흑인 여성에게는 자기 존재의 확인을, 백인 독자에게는 새로운 시각을 선사하는 책이다…… 브라운은 흑인 여성으로서 내가 매일 마주하는 무게와 물음, 고통과 좌절을 놀랍도록 명료하게 풀어냈다."

『소저너스』

"브라운은 다양성과 용서를 향한 오늘날의 흐름이 종종 백인들로 하여금 과거의 잘못을 인정한 선에서 자족하게 만들고 현재의 문제는 외면하게 한다고 지적한다. 한편 흑인들에게는 끊임없는 용서와 설명을 요구함으로써 흑인의 존엄성을 훼손하고 분노를 억누르게 하는 구조적 부정의가 작동하고 있음을 날카롭게 비판한다. 그녀는 이러한 위선적 흐름을 정확히 짚어내며, 그 안에 숨은 불균형과 위선을 드러낸다."

『라이브러리 저널』

"브라운은 안일한 희망을 단호히 거부한다. "이 일을 계속하려면 희망은 죽을 수밖에 없다"고 말하며, "희망의 죽음은 우리를 치유하는 슬픔, 동기를 부여하는 분노, 힘을 북돋아 줄 지혜로 대체된다"고 선언한다. 이는 백인의 감정을 중심에 두는 태도에서 벗어나 인종 정의에 초점을 맞춘 진정한 화해를 향한 강력한 주장이다."

『북리스트』

"이제까지 본 적 없는 방식으로 인종 간 간극을 따라가는 여정으로 독자를 이끈다. 강렬하고, 깊은 울림을 남기며, 손에서 쉽게 내려놓을 수 없는 책이다. 현대 미국에서 흑인 중산층 여성으로 성장한다는 것이 어떤 의미인지를 보여 주는 이 책은 반드시 읽어야 할 작품이다."

〈팝슈가〉

"흑인성에 대한 깊이 있는 개인적 찬사이자, 인종 부정의와 불평등에 새로운 통찰을 더하며 더 나은 미래를 향한 희망을 제시하는 책이다."

〈손다랜드〉

"인종에 관한 대화를 한 걸음 앞으로 나아가게 한다…… 브라운은 자신이 직접 겪은 이야기를 통해 인종 문제에 관한 강력한 시각을 제공한다."

〈WNYC〉

일러두기

- 본문에 인용된 성경 구절은 새번역 성경을 사용했다.
- 모든 주는 옮긴이의 것이다.

> CHAPTER 1 ‹

# 백인들은 사람을 피곤하게 한다

사람을 피곤하게 만드는 백인들이 있다. 특히 자기가 백인인 줄 모르는 백인들, 백인이 아니면 안 되는 백인들이 그러하다. 하지만 내가 만나 본 백인들 중에―나는 30년 넘게 살면서 내가 유일한 흑인 여자인 학교에 다니거나 직장에서 일하는 동안 수많은 백인을 만났다―처음으로 피곤하다고 생각했던 사람은 **내가** 백인일 거라고 예상한 백인들이었다.

사실 이들의 빗나간 예상은 우리 부모님 탓이긴 하다. 한 사람의 이름이 그의 인종, 성별, 수입, 성격을 말해 준다고 믿는 이 사회에서 우리 부모님은 딸에게 백인 남자 이름을 지어 줌으로써 사람들의 허를 찌르기로 했다. 어렸을 때는 할머니의 구성(舊姓)이 오스틴인데 할머니의 유일한 남자 형제에게 자식이 없어서 나를 우리 집안의 마지막 오스틴으로 만든 거라고 듣고 자랐다.

참으로 훈훈한 이야기 아닌가? 뭐, 실제로도 그렇다. 반쪽짜리 진실이긴 하지만.

나머지 반은 어떻게 알게 됐냐고? 어떤 백인 때문에 진이 빠져서다. 그날 우리 가족은 내가 제일 좋아하는 장소인 (광장에 위치했고 중정이 있는) 우리 동네 도서관에 있었다. 일곱 살 때는 책을 품에 한 아름 안고서 대출대로 가져갈 때마다 내가 이미 대출하고 반납하지 않은 책이 얼마나 많은지를 깨닫게 되곤 했다. 그 도서관은 우리 식구들이 낸 돈만으로도 운영비가 충당되었을 것이 틀림없다. 한 번에 너무 많이씩 빌린 탓에 책이 자동차 좌석 밑에서, 소파 틈

새에서, 탁자의 우편물 밑에서 발견될 정도였으니 말이다.

문제의 화창한 토요일 오후에 책을 대출하러 갔을 때 사서가 내 도서관 회원증을 받아 들고는 평소처럼 뒷면을 훑어보던 것이 기억난다. 나는 이번 주에 내야 할 연체료가 얼마인지 발표되길 기다리며 마음의 준비를 했다.

그러나 그녀는 연체료를 발표하는 대신 한쪽 눈썹을 치켜세우며 물었다. "이거 네 회원증이니?"

나는 실수로 엄마 회원증을 냈나 잠시 고민하다가 머뭇거리며 내 것이 맞다고 고개를 끄덕였다. "확실하니?" 그녀가 말했다. "이 회원증에는 오스틴이라고 적혀 있는데."

그래서 나는 더 세차게 고개를 끄덕이며 미소를 지어 보였다. "네, 제 회원증 맞아요." 어쩌면 그녀는 초등학교 1학년이 그렇게 연체료가 많이 밀릴 수 있다는 사실에 놀랐는지도 모른다. 하지만 카운터 너머를 넘겨다보니 그녀는 아직 책 표지를 넘기지도 않은 채였다. 내가 책을 반납**해야 하는** 날짜를 도장으로 찍으려면 뒤표지를 넘겨야 하는데 말이다. 나는 기다렸다.

"네 회원증이 확실해?" 그녀가 다시 한 번 물었다. 이번에는 **네**와 **확실**이 두 음절이 넘는 단어인 양 길게 늘여서 발음했다. 나는 화가 나서 고개를 삐딱하게 기울인 채 천장을 올려다보며 눈알을 굴렸다. 이 사람은 내 최근 대출 목록을 안 본 건가? 이 여자는 내가 내 이름도 모른다고 생각하는 것이 분명했다.

그때 나는 문득 깨달았다. 그녀는 내가 문맹이라고 생각하는 것이 아니었다. 그녀는 오스틴이 내 이름일 리 없다고 생각하는 수많은 사람들 중 한 명이었던 것이다. 어린애치고는 지나치게 큰 소리로 한숨을 내쉬며 나는 대답했다. "네, 제 이름은 오스틴이고 그건 제 회원증이에요." 그녀는 눈살을 찌푸리며 이름이 특이하네 어쩌네 우물거렸다. 나는 대꾸하지 않았다. 그저 그녀가 내 책을 건네주기만을 기다렸다.

나는 대출한 책을 들고 비디오 코너에 남동생과 함께 서 있는 엄마에게 성큼성큼 걸어갔다. 그리고 내 이름을 왜 오스틴이라고 지었는지 말해 달라고 요구했다.

그 무렵 나는 내가 남자일 거라고 기대하는 백인들에게 이미 익숙해져 있었다. 새 학기 첫날에 학교에서 출석을 부를 때마다 똑같은 일이 일어났기 때문이다. 원래 교실에서 남자애들은 남자애들끼리 한쪽에 모여 앉고 여자애들은 여자애들끼리 반대쪽에 모여 앉기 마련이라 내 이름이 불릴 때면 나는 '남자애들 자리'를 보고 있는 선생님의 주의를 끌기 위해 손짓 발짓을 해야 했다. 그런데 이번 일은 그런 경우가 아님을 내가 어떻게 알았을까? 회원증이 내 것이라고 대답한 후에도 사서가 여전히 내 말을 믿지 않았기 때문이다. 당시에 내게 말로 설명해 보라고 했다면 못했겠지만 어쨌든 내가 남자애가 아닌 것 이상의 문제임을 직감적으로 알았다.

"왜 내 이름을 이렇게 지었어?" 나는 들고 있던 책들을 탁자에 와르르 떨어뜨리면서 물었다. 엄마는—아마 속으로 내가 어쩌다 내 자식을 주디 블룸의 동화에 나오는 애처럼 키운 걸까 생각하면서—할머니와 오스틴 가문에 대한 이야기를 다시 들려줬다. 하지만 내가 말허리를 잘랐다. "엄마, 엄마가 **어떻게** 오스틴이라는 이름을 떠올렸는지는 알아. 내가 궁금한 건, **왜** 오스틴이라고 짓기로 했냐는 거야."

엄마는 나를 녹색 팔걸이의자 한 쌍이 있는 곳으로 데려가서 천천히, 달래는 듯한 목소리로 이야기하기 시작했다. "오스틴, 엄마 아빠는 우리 둘 다 마음에 드는 이름을 찾느라 엄청 고생했어. 그때 둘 중 한 명이 할머니의 구성, 처녀 적 성을 생각해 낸 거야." 이 부분은 이미 아는 얘기였다. 나는 조급스럽게 다리를 흔들면서 다음 얘기가 나오길 기다렸다.

"소리 내어 불러 봤더니 마음에 들었단다." 엄마가 이야기를 계속했다. "그리고 너를 실제로 만나기 전에 이름을 본 사람은 누구나 너를 백인 남자로 생각하리라는 것도 알았지. 언젠가는 너도 입사 시험을 쳐야 할 날이 올 거야. 우리는 네가 적어도 면접까지는 확실히 올라가길 바랐단다."

엄마는 내 얼굴을 보면서 반응이 나타나길 기다렸다. 나는 머릿속으로, 낯선 사람이 내 이름을 불러 놓고는 나를 향해 말하지 않았던 모든 순간들을 떠올리고 있었다. 그들이 매번 생각했던 대상은 그냥 남자애도 아니고 백인 남자애였던 것이다. 나는 엄마가 입사 지원에 대해 한 말은 알아듣지 못했다(그때까지 내가 써 본 지원서라고는 도서관 회원증 신청서뿐이었기 때문이다). 하지만 한 가지는 확실해졌다. 사람들이 내 이름에 보이는 반응은 성별에 대한 것만이 아니었다. 까만 피부에 대한 것이기도 했다. 나는 다리 흔들기를 멈췄다. 그래서 사서가 내 말을 믿지 않았던 것이다. 그녀는 오스틴 같은 이름이 흑인 여자애도 포함할 만큼 널리 확대될 수 있음을 알지 못했다.

내가 어른이 되자 부모님의 계획은 제대로 맞아떨어졌다. 지나치게 잘 맞아떨어졌다. 오늘날까지도 나는 "미스터 오스틴 브라운"이라고 적힌 이메일을 받으며, 음성 사서함에는 미스터 브라운에게 전화 좀 해 달라고 부탁하는 메시지가 남는다. 처음 만나는 사람은 내 이름을 여성형으로 바꾸려 하거나—"오텀이라고요?"—남편 이름인 줄 아는 경우가 많다. 그래서 보통 자기 소개서에 내가 흑인 여성이라는 사실을 명시하는데도 면접을 보러 가면 면접관들이 나를 보고 깜짝 놀란다.

나는 정장을 차려입고 긴장한 상태로 면접에 간다. 자기 소개서, 인성 검사, 또는 인사부와의 전화 면접까지는 매번 통과한다. 실물 면접이 대개 마지막 단계다. 나는 로비에 앉아서 나를 데리러 올 사람을 기다린다. 면접 안내원이 나와서 나를 보고는 내가 다음 면접자인지 아닌지 고민한다. 중대한 실수가 있었을까 봐 조금 머뭇거리며 그가 묻는다. "당신이 오스틴 씨인가요?"

나는 그들이 실수로 흑인 여자를 면접에 불렀음을 깨닫고 당황해하는 표정을 못 본 체하며 열성적으로 그렇다고 대답한다. 내 오른쪽 어깻죽지가 긴장으로 아파 오기 시작하는 만큼 안내원의 긴장이 풀려 간다. 나는 말없이 두어 번 심호흡을 하면서 그를 따라 회의실로 들어간다. "여러분, 다음 면접자 오스틴 씨입니다······."

모든 사람의 눈이 나를 보고 놀란 빛을 띤다. 모두가 고개를 돌려 자기 옆 사람을 쳐다본다. 눈을 깜빡인다. 그러고는 책상 위의 내 이력서를 내려다본다. 매번. 단 한 번의 예외도 없이. 나를 안내한 이가 뭐라고 계속 말하고 있지만 아무도 듣고 있지 않다. 모두가 어떤 단서를 찾느라 내 이력서를 이 잡듯 뒤지고 있다. 내가 흑인 여자라는 사실을 그들이 미리 알아챘어야 했나? 지금 이 상황은 나에게 플러스인가, 마이너스인가? 내가 흑인 여자라는 사실은 해당 직책에 어떤 영향을 미치는가? 거래처에는? 소속 부서에는? 그들은 이런 상황에 대한 준비가 되어 있지 않았다. 백인 남자를 기대하고 있었기 때문이다.

이 상황이 그 정도로 어마어마하게 실망스럽지만 않았다면 아마 웃긴 해프닝 정도에 그쳤을 것이다.

내가 대체로 만나게 되는 사람들은 진보주의자인 탓에 대부분 이런 "실수"를 우스개로 넘기고 내 실물이 등장했을 때 생겨난 모든 생각, 질문, 변화를 무시하고 싶어 한다. 그러나 그 순간을 무시할 수는 없다. 그런 생각과 질문이 면접에서 언급되지는 않을지언정 머릿속, 마음속에서 사라지진 않는다. 내가 그 자리에서 면접을 보는 동안 내내 다음과 같은 질문들이 그들의 뇌리를 떠나지 않기 때문이다. **우리는 그녀가 적임자라고 확신하는가?** 달리 표현하면, **우리가 면접자를 흑인 여자로 상정하고 심사하지 않았는데 그녀가 우리 (백인) 문화에 잘 맞으리라고 확신할 수 있는가? 아니면 차첨자인 백인을 고용해야 하나?**

내가 백인 문화 안에서 생활하는 모든 흑인 여성을 대변할 수는 없지만, 이런 회사에 채용되고 나면 대개 다음과 같은 상황이 펼쳐진다.

우선, 상사나 동료나 면접관이, 혹시라도 나중에 인종차별을 당하게 되면 기탄없이 자기한테 얘기하라는 말을 한다. 자기가 믿을 수 있는 사람임을 보여 주기 위해 이 회사가 완벽한 곳은 아님을 인정하고, 부적절한 말이나 금기어를 듣게 되거든 꼭 자기한테 말하라고 한다. 그렇게 해서 문제를 해결할 수 있다는 것이다. 둘째, 회사의 불완전함에 대한 간략한 설명, 즉 징계는 받지 않았지만 지금은 퇴사하고 없는 사람들에 관한 이야기를 듣게 된다. 그 이야기에는 대개 "실수"—백인이 이사회에서 "말실수"를 하거나 경영진이 직원의 인종차별적 이메일을 발견한 경우—가 포함되지만 회사가 그 후에 어떻게 대처했는지에 대한 설명과 함께 다음과 같은 희망적인 어조로 끝난다. **우리는 누구누구(유명한 흑인)를 신년회에 초청해서 강연을 들었다. 우리는 어떤 책(흑인 작가가 쓴 책)을 주제로 8주간의 독서 토론회를 열었다.**

그러나 그 회사에서 근무한 지 몇 주 만에 그곳의 고정관념, 편견, 편향이 드러나기 시작한다. 내 머리 모양에 대한 평가. '놀랄 만큼 발음이 정확하다'거나 '유머 감각이 뛰어나다'는 칭찬. '흑인 영어를 더 많이 쓰라'는 요구. 싱글맘, 빈민가, 흑인 대상 흑인 범죄, 그 밖에 내가 흑인이기 때문에 당연히 알 것으로 간주되는 주제들에 관한 질문들.

그러면 나는, 이런 일이 생기면 꼭 자기와 상담하라고 했던 사람에게 실제로 이야기한다. 하지만 그 사람의 반응은 "당신이 오해한 걸 거예요" 또는 "그런 뜻으로 한 말은 아니었을 거예요"다. 연민을 발휘해야 할 책임이 나에게 돌아오는 경우도 많다. "그 사람한테 다시 가서 얘기해 보세요. 당신이 조금만 더 참았다면 그 사람의 심중을 알 수 있었을 겁니다." 그러면 나는 그냥 넘어간다. 개개인에게 집중하는 대신 시스템에 대해 이야기한다. 백인 일색인 이 사회와 경영진, 백인 문화, 그리고 그 문화를 다양화하기보다는 더욱 굳건히 하는 방향으로 신입 사원을 채용하는 관행. 그러나 백인들은 내가 이런 점을 지적하길 원치 않는다. 나는 '썩은 사과'만 골라내야 하는 것이다. 이제 백인들은 나에게 별명을 붙여 준다. '불화를 조장하는', '부정적인', '유해한.'

나는 실망한다. 이 회사, 이 사람들은 지난번 회사와 다르기를, 유색인 직원 수만 늘리는 것이 아니라 진정으로 다양성을 포용한다는 것이 무엇인지 이해하길 바랐는데. 그러나 나는 포기하는 대신 한 걸음 물러난다. 다시 '썩은 사과'를 골라내는 역할로 돌아간다. 이러한 행동이 다른 사람들에게 시스템이 문제라는 사실을 깨우쳐 주리라 기대하면서. 나는 허락도 없이 내 머리카락을 만진 여자에 대해, 복도에서 나를 "검둥이"라고 부른 남자에 대해 이야기한다. 내가 우리 교회에 들어가면 아직도 사람들이 무료 배식 받으러 온 거냐고 묻는다고 이야기한다. 2년째 같은 자리에서 예배를 보는데도 일요일마다 새로 온 신도라며 환영받는다는 이야기를 한다.

나는 누군가를 곤경에 처하게 만들고 싶은 게 아니다. 백인 기독교인으로만 이루어진 조직 안에 흑인으로 존재한다는 것이 어떤 것인지 알리려는 것뿐이다. 그러나 백인들은 내 말에 공감하고 조치를 취하는 대신 나에게 새로운 별명을 붙여 주면서 불길한 충고를 한다. 내가 지나치게 예민한 것이고, 남을 고발할 때는 조심해야 한다고. 내가 지나치게 화를 내는 것이고, 내 경험에 대해 이야기할 때는 말투를 신경 써야 한다고. 내가 지나치게 완고한 것이고, 정말로 노력하는 사람들에게는 관용을 베풀 줄 알아야 한다고.

피곤하다.

내가 백인일 거라 기대하는 백인들은 자신들이 살아가는 방식이 선함, 옳음, 또는 하나님의 축복의 결과가 아님을 깨닫지 못한다. 이 거짓에 저항하고 반격하는 것은 너무나 힘든 일이다.

어떤 조직에 유일한 유색인으로 있는 것, 백인 동료들이 흑인에 대해 던지는 수많은 질문을 견디는 것은 너무나 힘든 일이다.

피부색 때문에 언제나 눈에 띄는 것—있어도 없어도 쉽게 티 나는 것—은, 하지만 내가 무엇을 필요로 하는지는 전혀 남들 눈에 보이지 않는 것은 너무나 힘든 일이다.

문제적이고 인종차별적인 사고방식, 정책, 행위, 발언을 지적하면서 냉소와 비분은 필사적으로 피하려 할 때의 감정 노동은 너무나 힘든 일이다.

어떤 조직이 새로운 기술을 배우면서 백인들이 높이 평가하는 체형, 성격, 관심사, 재능에 관한 문화적 기대는 흡수하지 않길 기대하는 것은 너무나 힘든 일이다.

솔직히 말하면 지난하기만 한 게 아니다. 백인 문화의 지배적 인식을 비판적으로 검토해 본 적이 없는 곳에서 흑인 여성이 자신의 자리―자신의 관점, 재능, 기술, 교육, 경험을 위한 자리―를 개척하려는 시도는 위험할 수 있다. 백인들이 우리의 기쁨, 평화, 존엄성, 자기애를 약탈할 가능성은 상존한다. 하지만 반드시 이런 식이어야 할 이유는 없다. 인종을 초월하여 함께한다는 것이 백인성(whiteness)은 추켜세우고 흑인성(blackness)은 깔아뭉개는 것이어야 할 필요는 없다. 내가 사랑하는 교회가 피억압자들의 대변인이었던 만큼이나 스스로가 억압자였던 적도 많았지만 나는 교회에 대한 믿음을 포기할 수가 없다. 원한다면 누구나 속할 수 있는 무리, 미움으로 가득한 이 세상에서 사랑을 추구하는 공동체. 나는 선을 추구하는 이 집단에 계속해서 끌린다. 비록 그것이 내가 사랑하는 이 단체가 백인들에게 경도되어 있음을 비판해야 한다는 뜻일지라도.

이 책은 내가 흑인 여자로 태어나서 자란 것에 관한 이야기다. 그 이야기는 특별한 곳에서 일어나지 않았다. 내가 외국 혹은 남부 한가운데 혹은 빈민가에서 자라지는 않았기 때문이다. 나는 백인이 많은, 가족 친화적인 중산층 동네에서 자랐다. 그곳에는 끔찍한 가난도, 엄청난 부도 없었고 우리 동네와 학교의 인구 분포도는 미국 전체의 인구 분포도와 비슷했다. 대다수가 백인이지만 유색인이 없지는 않은.

또한 나는 1980년대 후반과 1990년대 초반, 미국인들의 인종 색맹증이 최고조에 달했을 때 성장기를 보냈다. 미션스쿨이었던 우리 초등학교에서는 이런 노래를 불렀다. "예수님은 어린이들을 사랑하시네…… 홍인도, 황인도, 흑인도, 백인도 주님의 눈에는 모두 귀하다네." 이 노래와 마찬가지로 백인들은 곧잘 "내 눈에는 모두 같은 색인걸"이라고 주장하며 그들과 함께 있을 때는 내가 인종차별로부터 안전하다고 안심시켰다. 그러나 나는 꽤 어렸을 때부터, 예수님은 인종 다양성에 관대한지 몰라도 미국은 그렇지 않음을 알았다. 백인이 우월하다는 사상은 우리가 숨 쉬는 공기에, 학교에, 회사에, 이 나라의 일상생활에 퍼져 있었다. 백인 우월주의는 백인 우월주의라고 명명해야 할 전통이자 버려야 할 종교이다. 이 일이 완수되지 않으면 백인들은 의도적이든 아니든 억압자가 된다.

나는 백인성이 무엇인가를 가까이에서 배웠다. 교실과 복도에서, 직장과 교회에서 배웠다. 동시에 흑인성이란 무엇인가에 대해, 나 자신에 대해, 내 믿음에 대해서도 배웠다. 내 이야기는 백인들을 비난하기 위한 것이 아니라 백인성이 옳다는 단정—하나님에게 더 가깝고 성스럽고 선택받았고 완벽한 본보기라는 단정—을 거부하기 위한 것이다. 내 이야기는 내가 흑인 여자라는 사실을 사랑하기 위한 것이다. 설령 그 사실이 백인 남자를 기대한 사람들에게 충격을 줄지라도 말이다. 내 이야기는 기독교인들에게 인종 편견을 버리고 흑인을 보라고 요구하기 위한 것이다. 내 이야기는 나를 위해 만들어지지 않은 세상, 부모님이 나를 백인 남자 이름으로 무장시키려 했던 세상에서 살아남기 위한 것이다.

내가 이 이야기를 하는 이유는 우리가 언젠가는 백인성을 백인성이라 명명하고 흑인성을 찬미하는 공동체를 구현하리라는 희망, 인종적 억압이 여전히 존재하는 세상에도 다른 방법이 존재함을 깨달으리라는 희망이 있기 때문이다.

▸ CHAPTER 2 ◂

## 스페이드

## 게임

나는 흑인다움을 사랑한다는 것이 무슨 뜻인지 배워야 했다. 인정하기 싫지만 사실이다.

우리 집은 누가 봐도 명명백백한 흑인 가정이었다. 앨빈 에일리 무용수들 포스터가 벽에 걸려 있고 앨리스 워커, 토니 모리슨, 랭스턴 휴스를 비롯한 흑인 작가들의 책이 책꽂이를 빼곡히 채웠다. 토요일 아침에는 남동생과 내가 집안일을 하는 동안 루서 밴드로스의 노래가 레코드플레이어에서 흘러나왔다. 집안일이 다 끝나면 심부름을 잘한 데 대한 보상으로 부모님이 거실에서 우리를 빙글빙글 돌리며 클리블랜드 핸드 댄스를 췄다. 저녁 식사 시간에는 흑인의 업적에 관한 이야기를 끝없이 늘어놓으면서 우리가 어른이 되면 어떤 인종 장벽을 깨게 될지 상상하곤 했다……. 그러나 부모님이 그토록 흑인의 자긍심을 심어 주려고 노력했는데도 불구하고 그 효과는 우리 집 담장 안에서 그쳤다.

우리 초등학교는 전교생 대부분이 백인이었다. 유치원 때부터 8학년 때까지 나는 한 학년에 한 줌밖에 안 되는 흑인 학생 중 한 명이었다. 그러나 내가 그 학교를 다닌 기간이 대부분의 선생님보다 길었으므로 그곳이 내 구역인 양 당당하게 복도를 걸어 다녔다. 그렇다고 해서 백인 여학생들과 나의 차이를 몰랐던 것은 아니다. 그들의 묶은 머리는 좌우로 흔들리는데 왜 내 머리는 위아래로 흔들릴까 생각했다. 학교 도서관 책에 나오는 등장인물들은 왜 죄다 해변에서 캠프파이어 하기와 기타 치기에 집착할까 생각했다. 그리고 선생님 중에 나처럼 생긴 사람이 한 명도 없다는 사실 또한 알고 있었다.

그러나 이런 의문점들은, 모두가 알고 있지만 언급하지 않는 주제였다기보다는 나만의 비밀 같은 거였다. 나는 백인들의 세계에 관한 모든 것을 알았지만 그들은 나의 세계에 대해 아무것도 몰랐다. 선생님들은 우리 식구들이 절대 빼놓지 않고 보는 (대부분의 등장인물이 흑인인) 〈또 다른 세상〉, 〈시스터, 시스터〉, 〈모이샤〉 같은 텔레비전 프로그램을 언급한 적이 없었다. 학교에서는 에이미 그랜트, DC 토크, 마이클 W. 스미스 같은 백인 CCM 가수의 음악은 극찬하면서도 배비 메이슨, 헬렌 베일러, 프레드 해먼드, 커크 프랭클린 같은 흑인 가스펠송 가수는 절대 언급하지 않았다. 우리 집에서 일상적으로 주고받는 대화가 선생님들의 집에서 들려올 가능성은 전혀 없었다.

나는 열한 살 혹은 열두 살이던 해의 크리스마스 주말을 기억한다. 친척들이 모두 클리블랜드의 외할머니 댁에 모여 있었다. 외할머니, 외할아버지, 이모들, 외삼촌들, 사촌들이 탁자 두 개에—하나는 어른용, 하나는 애들용이었다―둘러앉았는데 둘 사이에는 앞뒤가 뚫린 낮은 책장이 있었고 그 안에는 할머니가 수십 년간 수집한 종들이 놓여 있었다. 나는 애들 자리에 앉아서 책장 틈으로 건너편을 훔쳐보며 엄마가 마주 앉은 남자 친척들이랑 하는 말싸움을 엿들었다.

"나는 인종 통합 정책이 실제로 흑인들에게 도움이 됐는지 모르겠어." 엄마가 말했다. 엄마는 두 손을 춤추듯 움직이고 아프로 머리를 끄덕이면서 열정적인 독백을 이어 갔다.

"그럼 대안이 뭔데, 캐런?" 외삼촌이 쏘아붙였다. "인종 분리 정책을 유지하자고?"

엄마의 눈이 번득였다. 걸려들었구나 하는 눈빛이었다. "물론 아니지. 나는 단지 **인종 분리**의 대안이 꼭 **인종 통합**일 필요는 없다는 거야. 우리가 백인 가게에 다니기 시작해서 흑인 가게를 다 망하게 만들지 않았어도 흑인용 버스 좌석은 없앨 수 있었을 거라고. 인종 통합 정책 때문에 사라진 것들을 생각해 봐. 흑인 의사, 흑인 치과의사, 흑인 슈퍼마켓 주인, 흑인 정비공 등등. 내 말은, 우리가 백인 학교에 다니는 게 아니라 흑인 학교를 유지하면서 백인 학교와 동등한 예산을 지원해 달라고 했으면 흑인 교사 수를 유지할 수 있지 않았을까?"

토론은 계속되었다. 목소리는 높아졌다 낮아지기도 하고, 수그러졌다 솟구치기도 했다. 이런 대화는 우리 집에서는 흔한 일이었지만 학교에서는 달랐다. 역사에 의문을 제기해선 안 되었다. 그 대신 공민권운동가인 로자 파크스와 마틴 루서 킹 목사의 이름을 배우고 지금은 흑백 통합 교실에서 공부할 수 있음에 감사한 뒤 다음 장으로 넘어가야 했다.

하지만 백인 학생들과 함께 공부하는 일이 항상 감사한 것은 아니었다.

그 일이 처음 일어났을 때 나는 아마 초등학교 4학년이었을 것이다. 다음이 체육 혹은 미술 혹은 음악 시간이라서 다른 교실로 이동하려고 학생들이 모두 줄을 서 있었다. 내가 뒤를 보고 있을 때 나를 등지고 있던 백인 소년 잭이 혼잣말하듯 원숭이와 바나나에 대해 뭐라고 웅얼거렸다.

"너 지금 뭐라고 했어?" 나는 정말로 혼란스러워서 이렇게 물었다. 이쪽저쪽의 게시판을 훑어보며 그 애가 원숭이 얘기를 할 만한 이유가 있나 찾으려 했다.

그러자 잭이 뒤돌아서 내 눈을 똑바로 쳐다보며 "깜둥이"라고 말했다.

모든 것이 정지했다. 시야가 좁아지면서 잭 앞에 서 있던 열두 명이 사라졌다. 배 속이 울렁거렸다. 나는 늘 내가 성격이 좋은 애라고, 모두와 잘 지내는 아이라고 생각했었다. 하지만 그 순간에는 내가 지금부터 깜짝 놀랄 행동을 할 것임을 예감했다. 뭐라고 대꾸했는지는 정확히 기억나지 않지만 절대 입을 다물고 있진 않았고 뭔가 심한 말을 했음이 분명하다. 왜냐하면 잭이 다시는 그런 개소리를 하지 않았기 때문이다.

부모님은 한 번도 나를 앉혀 놓고 백인이 나를 깜둥이라고 불렀을 때 어떻게 대처해야 하는지 가르쳐 준 적이 없었고 그때는 내가 너무 어려서 그 말의 유래를 알지 못했다. 하지만 한 가지는 확실히 알았다. 내 분노는 정당했다는 것이다. 부모님은 그 후에도 문제의 단어에 대해서는 일장 연설을 한 적이 없지만 백인이 나에게 걸 수도 있는 개수작에 대해서는 수없이 많이 가르쳐 줬다.

한번은 내가 파티용품 가게에서 장난감 코너를 지나가다가 눈에 띄는 장신구 하나를 집어 든 적이 있었다. "꿈도 꾸지 마." 아빠는 내가 사 달라고 조를지 말지를 고민하기도 전에 이렇게 말했다. 나는 한숨을 쉬며 장신구를 제자리에 되돌려 놓은 다음, 양손을 멜빵바지 주머니에 집어넣고 또다시 사고 싶다는 충동을 느끼지 않으려 애썼다.

그때 아빠가 뒤를 흘끗 봤다가 내가 주머니에 손을 넣고 있는 것을 보고는 걸음을 멈추고 완전히 뒤돌아섰다. "그거 하지 마라." 아빠가 엄한 목소리로 말했다.

**뭘 하지 말라는 거야?** 난 속으로 생각했지만 아빠한테는 말대답을 하면 안 된다는 사실을 오래전부터 알고 있었다. 이제는 아빠가 내 마음을 읽기라도 하는 건가?

"다시는 하지 마." 아빠가 이번에는 좀 더 부드러운 목소리로 말했다. 혼내는 게 아니라는 걸 보여 주기 위해 188센티미터의 거구를 나를 향해 숙이면서. 하지만 나는 여전히 혼란스러웠다. 내가 뭘 잘못한 거지?

"네가 물건을 되돌려 놓았더라도, 오스틴, 가게에 있는 물건을 만지고 나서 손을 주머니에 넣으면 안 돼." 아빠는 커다란 손으로 천천히 내 손을 주머니에서 꺼내며 말했다. "누가 보면 네가 도둑질을 했다고 생각할 수도 있어."

나는 고개를 끄덕였다. 시간이 좀 걸리긴 했지만 나중에는 가게 안을 걷고 있을 때 주머니에—요즘은 핸드백에—손을 넣지 않는 습관을 들였다.

또 한번은 첫 CD를 사러 엄마와 함께 쇼핑몰에 갔을 때였다. 나는 보이즈 투 멘, 알리아, 머라이어 캐리, 테빈 캠벨, SWV의 신보 중에서 뭘 살지 결정하느라 지나치게 오래 CD들을 만지작거렸다. 결국 머라이어 캐리의 〈뮤직 박스〉를 골라서 줄을 섰고 내가 가진 얼마 안 되는 현금으로 계산했다. 그리고 출구를 향해 걸어가면서 포장을 뜯고 케이스를 열어서 부클릿을 꺼냈다.

"뭐 하는 짓이니!" 엄마가 소리를 빽 질렀다. 나는 약간 놀라서 엄마를 쳐다보며, 내가 너무 흥분한 것처럼 보여서 그러나 생각했다. 점원도 엄마의 갑작스럽게 단호한 어조에 놀라 동작을 멈췄다.

"가게 안에서 포장을 뜯으면 안 돼. 그리고 영수증이 있을 땐 항상 손에 들고 있어야 한단다." 엄마가 말했다. "네가 돈 주고 샀다는 걸 항상 다른 사람에게 증명할 수 있어야 돼." 이런 작은 삶의 지혜 속에서 "다른 사람"이란 늘 백인을 말한다는 것을 어린 나도 알고 있었다는 것이 우습다.

부모님은 내가 정신을 똑바로 차리고 있지 않을 때, 그냥 자연스럽게 행동할 때 언제든 모든 것이 잘못될 수 있음을 나에게 명심시켰다. **백인을 조심해**가 내가 똑똑히 들은 메시지였다. 하지만 이상하게도 나는 흑인 애들이랑 어울리는 것이 더 힘들었다. 처음에는.

열 살 때 일이다. 부모님이 이혼한 뒤로 남동생과 나는 매년 여름을 클리블랜드의 엄마 집에서 보냈다. 클리블랜드는 우리가 살던 털리도에서 겨우 두 시간 거리였지만, 백인이 대부분인 동네에서 모든 주민이 흑인인 동네로 이동하자 마치 다른 행성에 온 것 같은 기분이 들었다. 공공장소에서 대부분의 사람이 나처럼 생긴 것을 목격한 경험은 그때가 처음이었다. 그 문화 충격은 즐거운 동시에 공포스러웠다.

처음에는 내가 도착한 곳의 문화가 이해되지 않았다. 시끄러움과 흥겨움에 대한 준비가 되어 있지도 않았다. 춤 대회나 장기 자랑도 몰랐고 일렉트릭 슬라이드 외에 다른 라인댄스가 있는 줄도 몰랐다(그해 여름에는 툿시 롤이 대히트였다). 여기서는 애고 어른이고 일상적으로 욕을 했다. 엄마가 보낸 여름학교에는 성경을 암송하는 게임은 없었다. 나는 카드놀이의 일종인 스페이드 게임을 배워야 했다.

적응하기가 힘들었다. 공공 수영장으로 가는 버스 라디오에서 SWV의 '위크'(Weak)가 흘러나오자 모든 승객이 떼창을 하기 시작했다. 나는 처음 듣는 노래였으므로 주위의 여자애들이 계속 눈 감고 노래하느라 내가 립싱크하고 있음을 눈치채지 못하기만을 속으로 빌었다. 그 뒤로는 여름내 흑인 라디오 방송만 들으면서 노래를 외우려 애썼다. 하지만 내가 아무리 이해하는 척하려고 노력해도 모르는 것이 너무나 많았다. 나는 보비 브라운이 누구인지도 몰랐고, 휘트니 휴스턴이 왜 그 남자랑 결혼하면 안 되는지도 몰랐다. 여름학교에서 만난 여자애들이 왜 나한테 화장실 거울 앞에서 '캔디맨'을 다섯 번 말해 보라고 하는

지도 몰랐다.* 내가 다섯 번째 말했을 때 그 애들은 비명을 질렀고 그래서 나도 같이 비명을 질렀다. 나는 내가 뭘 두려워해야 하는지 알지 못했다. 내가 두려웠던 것은 내 정체를 들키는 것뿐이었다.

이곳 클리블랜드에서 흑인 아이들은 나를 오레오**라고 불렀고 내가 왜 "백인처럼 말하는지" 궁금해했다. 그 말을 처음 들었을 때는 뭐라고 대답해야 할지 몰랐다. **음, 나는 여름에만 여기 있는 거라서…… 사실은 아빠랑 털리도에서 살고 여기 학교랑은 전혀 다른 학교에 다니거든…… 선생님들도 다 백인이고 학생들도 거의 다 백인이야…… 그래서 내가 백인처럼 말하는 거 아닐까?** 하지만 아이들은 내 대답을 기다려 주지 않았고 나도 너무 어려서 역질문할 생각은 하지 못했다. 그래도 상처가 되긴 마찬가지였다. 나는 백인 문화의 흔적을 감추려고 애쓰다가 결국은 그것이

---

* 거울 앞에서 캔디맨을 다섯 번 연속으로 부르면 흑인 유령인 캔디맨이 나타나 그 사람을 갈고리로 살해한다는 내용의 공포영화 〈캔디맨〉 시리즈가 있다.
** 겉모습은 흑인인데 속은 백인 같은 사람을 비꼬는 말.

내 온몸에서 뿜어져 나옴을 깨달았다. 나는 그저 남들과 어울리고 싶었을 뿐인데 다들 내가 연기하고 있다는 걸 알았다.

피곤했다. 너무 피곤해서 가끔 아픈 척할 때도 있었다. 최대한 다른 애들로부터 멀리 떨어져 앉아서 책상 위에 엎드리곤 했다. 상담사가 나를 살펴보러 오면 눈이 부신 척 찌푸리며 기분이 좋지 않다고 대답했다. 완전히 거짓말은 아니었다. 내가 영원히 백인 사회에 편입될 수 없음은 알고 있었다. 그건 괜찮았다. 하지만 흑인들 사이에 끼지도 못한다고? 그건 어떡해야 할지 몰랐다. 나는 흑인들에게는 너무 백인 같았고 백인들에게는 너무 흑인 같았다. 이름은 남자 이름에, 얼굴은 여드름투성이였다. 끔찍했다.

그때, 내가 영원히 아무 데도 속하지 못할 것 같다고 생각했을 때 흑인들 사이에 내 자리가 생겼다. 마침내 친구가 생겼다. 그 애 이름은 티퍼니였다. 티퍼니네 집은 우리 엄마 집에서 네 집 건너에 있었다. 우리는 동갑이고 둘 다 흑인이라는 것 말고는 아무런 공통점도 없었다. 그 애는 키가 작았지만 용감하고 자신감 넘치고 유쾌했다. 나는 키가 컸지만 말수가 적고 다른 애들과 어울리려고 열심이었다. 그 애는 목소리가 컸고 욕을 잘했으며 남자애들에 관해 이것저것을 가르쳐 줬다. 그 애는 나와 정반대였다. 내게 필요한 모든 것이었다.

그 애가 알았든 몰랐든 티퍼니는 나의 선생님이 됐다. 그 애는 나에게 음악과 춤을 가르쳐 줬다. 흑인 영어와 대중문화를 가르쳐 줬다. 동네 애들과 노는 것, 가로등이 켜질 때까지 밖에서 뛰어다니는 것을 가르쳐 줬다. 나와 함께 춤췄고 나와 함께 놀았다. 그리고 나를 믿어 줬다. 그 애는 나에게 흑인성이 있음을 믿었다. 그 애가 믿었기에 나도 믿었다. 흑인 시인 은토자키 샹게이가 한 말을 약간 변형하면, 우리의 사방치기 놀이에 백인 여자애는 없었다.

티퍼니는 나에게 흑인 문화만 가르쳐 준 것이 아니었다. 내 정체성을 버리지 않고도 새로운 흑인성을 받아들일 수 있다는 것을 가르쳐 줬다. 나는 버터플라이 댄스를 배웠고—그리고 그해 춤 대회에서 우승할 뻔했다—다른 애들이 전부 공놀이를 할 때 책을 읽어도 괜찮다는 것을 배웠다. 흑인 영어는 금방 익혔지만 제일 흔히 쓰는 속어, 예를 들면 '짱나'나 '가즈아'는 제대로 말하지 못했다. 내가 하면 왠지 웃기게 들렸다. 〈캔디맨〉은 어른이 되고 나서야 봤다.

티퍼니는 나 같은 아싸든 자기 같은 인싸든 검은 피부는 아름답다는 것을 알게 해 줬다. 이제 나는 억지로 남들을 따라 하지 않고 나에게 맞는 것을 선택할 수 있었다. '흑인답다'는 것은 획일적인 의미가 아니라 포괄적인 의미였다. 나는 흑인으로서 자긍심을 느끼는 데 백인의 승인이 필요치 않았다. 백인이 의견을 낼 자리는 없었다. 완전한 자유였다.

내가 처음 클리블랜드에 발을 디뎠을 때는 듣지 못했지만 흑인성은 줄곧 "다른 방법이 있다"고 (귀에 거슬릴 정도로) 외치고 있었다. 백인에게 승인받을 필요 없는 말하는 법, 생각하는 법, 존재하는 법이 있었다. 내 말투는 백인 친구들과 흑인 부모님의 혼합물 같긴 했지만 그것이 유일한 소통 방식은 아니었다. 사실 동네 아이들 사이에서는 제일 좋은 소통 방식도 아니었다. 내가 아는 것, 교과서에서 배울 수 있는 것이 전부가 아니었다. 백인들이 옳다고 말하는 것이 전부가 아니었다.

나는 교훈을 얻었다.

클리블랜드에서의 여름은 부모님의 이혼으로 인해 내가 겪은 유일한 변화가 아니었다. 2년 뒤 아빠가 재혼을 하면서 남동생과 내게는 여동생이 생겼다. 우리 다섯 식구는 새로운 전통을 만들어 가기 시작했고 그중 하나는 일요일 아침에 털리도의 흑인 교회에 다니는 것이었다. 그 전까지 내가 알았던 예배는 금요일 오후의 학교 채플 시간이 전부였다. 그것은 대개 (백인) CCM과 (백인) 삽화 일색인 성경 봉독과 (백인) 신도의 간증과 마지막으로 (백인) 예수님을 우리의 구세주로 받아들이는 것으로 이루어졌다.

교사들, 사무원들, 궁극적으로는 대부분의 학생들도 이 예배에서 행해지는 모든 것이 모든 신도에게 똑같이 적용된다고 믿었다. 그래서 나는 새로운 교회에 처음 갔을 때 흑인 예수님을 만나게 되리라곤 상상조차 하지 못했다. 나는 사랑에 빠졌다.

첫날 형광등으로 환히 밝힌 측랑을 따라 성단소를 향

해 걸어갈 때 공기 중에는 향수 내음이 가득했다. 지금부터 무엇을 보게 될지 전혀 예측할 수 없었다. 걸어가는 동안 마주친 신도들이 우리에게 환영 인사를 건넸다. 여자들은 세련된 모자를 쓰고 어두운색 스타킹을 신었고, 남자들은 정장에 넥타이를 매고 뱀 가죽 구두를 신고 있었다. 그들은 마치 우리가 오랜 지인인 양 따뜻하게 **안녕하세요**라고 인사했다. 우리는 성단소 옆 목문 앞에서 잠시 기다렸다. 안에 있는 사람들이 기도 중이었기 때문이다. 잠시 후 "아멘" 소리가 울려 퍼지더니 문이 양쪽으로 활짝 열렸다. 안쪽 창문의 스테인드글라스에서 햇빛이 쏟아져 들어왔다. 녹색 양탄자가 성단소 안쪽까지 깔려 있었다. 오르간은 이미 연주 중이었고 다들 자리에서 일어나 같은 방향으로 몸을 흔들고 있었다. 박자에 맞춰 손뼉을 치고 있었다.

나는 나처럼 검은 얼굴들로 가득 찬 성가대석을 올려다봤다. 지휘자가 양손을 동시에 위아래로 움직였다. 모두가 그녀의 몸짓에 집중했다. 나중에 들으니, 어떤 노래도 같은 방식으로 두 번 부르지 않기 때문이라고 했다. 지휘자가 기존의 노래를 지휘만 하는 것이 아니라 매번 새로운 편곡을 선보였던 것이다. 우리는 거기에 열렬한 환호와 "할렐루야"로 화답했다.

그날 나는 사랑에 빠졌다. 공중으로 뻗어 나가는 목소리, 눈물 날 만큼 감동적이었다가 다시 흥겨워지곤 하는 노래들과 사랑에 빠졌다. 박하사탕을 나눠 주는 노부인들, 찬송가를 부르는 집사님들과 사랑에 빠졌다. 너무나 감동적이어서 절로 일어나 박수를 치게 하는 열정적인 설교와 사랑에 빠졌다. 가난한 자, 병든 자, 상처받은 자를 본 예수님, 내 순결을 지키는 것보다 더 큰 계획을 준비한 예수님, 우리가 흑인임을 기뻐하고 축하하는 예수님과 사랑에 빠졌다.

매주 일요일마다 무엇보다도 더 내 관심을 끈 것은 목사님이었다. 그의 설교에 나오는 예수님은 흑인처럼 말했고 우리와 비슷한 고난—불의, 배신, 욕설—을 겪었다. 목사님은 고어로 '당신'을 뜻하는 디(thee)와 다우(thou)가 많이 나오는 성경 구절을 시처럼 아름답게 낭독하고는 꼭 현대어로 고쳐서 다시 한 번 말하곤 했다. 그는 설교단에 가만히 서 있지를 못했다. 예배가 끝날 무렵이 되면 땀을 닦아 내는 데 수건이 필요할 정도였다. 하지만 어느 일요일에든 메시지는 똑같았다. **하나님이 우리와 함께하신다.**

우리는 가족이었다. 물론 다툴 때도 있었지만 우리가 서로 이어져 있음을 늘 상기했다. 우리는 서로를 **형제자매**로 불렀다. 더 가까워지자 이 호칭은 **이모, 삼촌** 심지어 **엄마**로까지 바뀌었다.

내가 제임스 H. 콘의 이름을 듣고 그가 주창한 흑인 해방신학 관련서를 처음 읽은 것은 성인이 된 후의 일이다. 하지만 흑인 예수님과 그의 해방하는 능력에 대해 알게 되었을 때, 내가 이미 열 살 때 매주 성령의 감동을 받았던 침례교 교회에서 그를 만났음을 깨달았다. 그곳에서 예수님은 내 영혼을 보듬어 줬고 차가 없거나 전기세, 수도세를 못 내는 여자도 보듬어 줬다. 마약이나 알코올에 중독된 사람들, 자신의 몸에서 독을 몰아내고 마음에서 상처를 몰아내고 싶어 하는 사람들도 보듬어 줬다. 가족에게 상처를 받은 사람, 배우자를 잃은 사람, 상사에게 괴롭힘 당하는 사람도 보듬어 줬다. 매주 일요일마다 우리는 이 모든 것들에 대해 진지하게 고민하면서도 고통이 영원하지는 않다는 것을 배웠다. 마음의 상처나 현실적인 어려움이 우리 이야기의 끝은 아니었다. 하나님은 우리가 모든 종류의 죄악과 유혹에 빠지지 않으리라 기대한다는 것을 배웠다. 이조차도 우리 학교 채플 시간에서와는 달리 현실에 맞게 각색한 것을 들을 수 있었다.

흑인 교회는 내가 한 번도 경험해 보지 못한 소속감을 안겨 줬다. 방언, 성령의 기름 부음, 예언, 찬양 댄스 등 아직 내가 배워야 할 것이 많았다(그렇게 많은 사람이 정확히 같은 박자에 박수 칠 수 있음을 그 전까진 알지 못했다). 이 또한 적응하는 과정이었지만 그 무엇도 백인 학교에 다닐 때나 클리블랜드에 처음 도착했을 때처럼 나를 긴장하거나 불편하게 만들지 않았다. 나는 흑인 교회를 사랑했고 교회도 나를 사랑했다.

천천히, 시간이 지나면서, 나는 내 안의 흑인성을 찾았다. 그리고 내 인생이 바뀌었다.

► CHAPTER 3 ◄

# 조화의
## 이면

초등학교와 마찬가지로 내가 다닌 가톨릭 고등학교 또한 대부분의 학생이 백인이었지만 이번에는 유색인 학생 수가 좀 더 많아서, 점심시간에 식당에서 탁자 여러 개를 차지하고, 가스펠송 합창단을 만들고, 우리의 존재감을 드러낼 정도는 되었다. 솔직히 말하면 고등학교에 다닌 4년 동안 학교에서 심각한 인종차별 사건은 한 번도 없었다. 화장실에 나치의 상징인 하켄크로이츠가 그려져 있었던 적도 없고, 자의식 과잉인 백인 남자애가 깜둥이라는 표현을 써서 주먹다짐이 벌어졌던 적도 없으며, 백인들이 흑인 분장 파티를 열거나 부적절한 할로윈 의상을 입었던 적도 없다. 우리는 대체로 조화롭게 공존했지만 **조화**(가시적 갈등의 부재)가 더욱 심각한 문제를 방치하는 경우가 많음을 알게 된 순간은 몇 번 있었다.

필립스 선생님의 수업은 학생들에게 인기가 좋았다. 그녀는 키가 작고 네모난 체형에, 말투가 거친데 종교 과목 담당이라는 아이러니 때문에 재미있었다. 옷은 대개 배까지 올라오는 청바지와 헐렁한 셔츠를 입었다. 그녀는 큰 소리로 웃었고 거창한 이야기를 들려줬다. 교탁 뒤에 서서 수업을 할 때면 에너지가 교실을 가득 채웠다.

필립스 선생님은 우리에게 교과과정을 가르치면서—때로는 교과과정 **대신에**—인생 교육도 했다. 여성 독신자들로 이루어진 공동체에서 생활하는 것, 재화를 공유하는 것, 연애보다 우정을 우선시하는 것에 대해 이야기했다. 금기시되는 질문은 없었다. 하루는 필립스 선생님이 유령을 무서워한다는 얘기를 한 후에 우리가 교실 텔레비전의 리모컨을 훔쳐서 수업 내내 껐다 켰다를 반복한 적이 있었다. 처음에 필립스 선생님은 우리가 범인이라고 단언하고는 우리가 어찌어찌해서 TV를 조종하는 방법을 알아낸 거라고 확신했다. 하지만 시간이 어느 정도 지난 후에도 TV가 계속 꺼졌다 켜졌다를 반복하자 직접 테스트를 하기 시작했다. "당신이 우리 삼촌이라면 TV를 꺼 보세요." 그녀가 말했다. TV가 꺼졌다. 그녀가 눈이 휘둥그레져서 우리를 쳐다보더니 계속 죽은 친척들의 이름을 말하면서 TV를 테스트했다. 잠시 후 우리가 웃음을 터뜨리면서 사실대로 말했을 때에도 그녀는 전혀 화내지 않았다. 오히려 우리가 자신이 가르친 반들 중에서 최고라고 말했다.

그러던 어느 날 이번에는 필립스 선생님이 반대로 우리의 허를 찌른 적이 있었다. 교실에 들어갔더니 그녀가 오늘부터는 자리표를 사용하지 않겠노라고 선언했다. 그래서 우리는 처음으로 교실 안을 둘러보면서 어디에 앉을지를 정했다. 우리가 다 자리에 앉고 나자 그녀는 자신이 갑자기 우리에게 자리를 선택할 기회를 준 이유를 말하고 싶다고 했다. 말투가 평소 모습과 안 어울릴 정도로 차분했다.

그녀가 말을 시작했다. "나는 해마다 학생 각각의 자리를 지정해 주는 자리표를 사용해 왔어. 그런데 얼마 전에 내가 자리를 지정하는 방식이 인종차별적이라는 사실을 깨달았단다." 나는 얼어붙었다. 이 수업의 유색인 학생은 나를 포함해 세 명뿐이었다. 이다음에 무슨 일이 벌어질지는 알 수 없었지만 갑자기 내 피부색이 강하게 의식됐다.

그녀가 말을 계속했다. "나는 이 자리표를 사용해서 흑인 학생들을 서로 떨어뜨려 앉혀 왔어.* 나도 그 사실을 깨닫지 못했었는데 어떤 반 수업에서 흑인 여학생 둘이 붙어 앉아 있는 것을 보고 깨달았지. 그 모습을 보고 속으로 **이런, 이제 쟤들 둘이 수업 내내 떠들겠네**라고 생각했거든."

---

\* 아마 학기가 시작하기 전에 출석부에서 학생 이름을 보고 흑인인지 백인인지를 유추한 듯하다.

그녀가 말을 멈췄다. 확실히 격앙되어 있었지만 다른 주제들에 대해 이야기할 때만큼 솔직하게 말하려고 노력 중이었다. 돌려 말하거나 에두르지 않았다.

"그때 내가 인종차별을 하고 있다는 것을 깨달았어. 백인 학생이 수업 중에 떠들지도 모른다는 생각은 한 번도 해본 적이 없었거든. 백인 여학생 둘이 나란히 앉은 것을 보고 긴장한 적은 한 번도 없었어. 나 자신에게 너무 실망했지. 그러니까 앞으로는 너희가 앉고 싶은 자리에 앉도록 해."

그녀가 심호흡을 하길래 나도 심호흡을 했다. 필립스 선생님이 수업 중에 떠드는 백인 학생 둘을 서로 떨어뜨려 놓아야 했던 적은 많았을 것이다. 그러나 그녀 스스로 인정했듯이 그 학생들이 떠든 이유가 인종 때문이라고 생각한 적은 한 번도 없었다. 떠드는 학생이 흑인이었을 때에만 인종이 원인으로 지목되었다.

나는 그녀가 그러한 깨달음을 얻었다는 데 감사했지만 (혹은 감사하고 싶었지만) 이 고백 때문에 흑인으로서의 자의식이 강해졌다. 필립스 선생님 생각을 많이 했다. 나는 그녀가 나에 대해, 내 피부색에 대해 어떻게 생각하는

지 들을 마음의 준비가 되어 있지 않았다. 나는 '활발하고 반항적인' 흑인 여자애의 전형에 들어맞지 않았는데 이 일이 있기 전까지는 그것이 영화 속에나 나오는 전형적인 캐릭터라고 생각했었다. 백인들이 나를 볼 때도 그런 색안경을 끼고 있는 줄은 몰랐다.

다른 학생들의 반응을 살피기 위해 교실을 둘러봤다. 다들 별로 할 말이 없어 보였다. 대부분은 그저 자기가 앉고 싶은 자리에 앉게 되어 기쁜 듯했다. 하지만 나는 완전히 다른 경험을 하고 있었다. 내가 선생님의 깨달음에 기뻐해야 하나? 그녀가 자신의 편견을 깨달았으니 이제 내가 수업 중에 더 안전해졌을까? 다른 선생님들은 어떤가? 그들도—내가 좋아하는 선생님도—나를 볼 때 흑인 전용 잣대를 들이대 왔을까?

그때 나는 처음으로, 우리 학교의 인종 간 조화라고 생각해 왔던 것의 이면을 보았다. 내가 노골적인 인종차별을 접하지 않아도 됐던 것은 고마웠지만 선생님들이 실제로 나를 만나기 전까지는 내가 성가신 존재일 거라는 선입견을 갖고 있었음을 알게 된 것이 과연 좋은 일인가? 겉으로는 우호적인 것처럼 보이는 권력자의 고정관념과 편견이 나 같은 외모를 가진 학생들에게 불리하게 작용하고 있지는 않은지 내가 어떻게 알 수 있겠는가?

이 실망의 순간 이후 나는 학교 공부에서도 자기주장을 해야겠다는 결심을 굳혔다. 그리고 그 결과는 대개 흑인성을 탐구할 권리를 요구하는 것이었다. 독후감을 내야 한다? 흑인 작가를 선택했다. 역사 보고서를 써야 한다? 흑인의 역사가 유일한 선택지였다. 전교생 대부분이 백인인 학교에 다니는 많은 흑인 학생이 그렇듯이, 교과과정에 내가 반영되게 하려면 직접 행동에 나서야 했다.

백인의 세계관을 바탕으로 만들어진 교과과정을 거부하기 위해서는 진실을 말하는 데 혹은 신화를 유지하는 데 따르는 위험을 끊임없이 평가해야 했다. 크리스토퍼 콜럼버스가 아메리카를 "발견"했다고 쓸 것인가? 마크 트웨인 대신 맬컴 엑스에 대한 보고서를 쓸 것인가? 부모님은 그 결정을 나한테 맡겼다. 나에게는 좋은 점수를 받는 것과 내가 흑인임을 강조하는 것이라는 선택지가 있었다. 많은 유색인 학생이 이 결정에 직면한다. 나는 어떤 때는 진실을 말했다. "크리스토퍼 콜럼버스는 1492년에 대양을 건넜으나 그가 '발견한' 땅에는 이미 인간이 거주하고 있었다." 또 어떤 때는 "우리 교과서에 따르면……"이라는 단서와 함께 선생님이 원하는 답을 쓰기도 했다. 거짓말은 하지 않겠다. 나는 선생님이 틀리게 가르친 것을 바로잡는 데서 희열을 느꼈다. 그로 인해 점수가 한 등급 낮아지더라도 말이다.

따라서 이런 고민을 할 필요가 없는 수업의 존재는 드문 축복이었다. 슬리빈스키 선생님의 수업이 그랬다.

1학년 영어 담당이었던 슬리빈스키 선생님은 의도적으로 인종 다양성을 높인 교과과정의 영향력을 처음으로 보여 준 사람이었다. 그는 키가 작았고 백인이었으며 활기가 넘쳤는데 원래 성격이 그런 것인지 커피를 많이 마셔서 그런 건지는 알 수 없었다(교실에 늘 뜨거운 커피가 담긴 커피포트가 있었다). 첫 수업 날 그는 올해 목표가, 우리에게 머리 아플 정도로 생각할 거리를 많이 던져 주는 거라고 했는데 실제로 성공할 때가 많았다. 리처드 코널의 단편소설 「가장 위험한 게임」에 대해 열정적으로 토론하기, 셰익

스피어의 작품 한 줄 한 줄 낭독하기, 대프니 듀 모리에의 『레베카』에서 캐릭터가 발전해 나가는 과정 분석하기. 이런 과제들을 해 나가는 동안 슬리빈스키 선생님은 문화, 윤리, 법과 관련된 우리의 선입견이 무엇인지 스스로 질문해 보게 했다. 흑백으로 나눠진 사고 체계의 바깥을 우리가 스스로 색칠해 보길 원했다.

슬리빈스키 선생님은 교과서대로 수업을 하다가 몇 주에 한 번씩 옆길로 새서 다양성에 대해 가르치곤 했다. 그 방법 중 하나가 시였다. 매번 자신이 고른 시를 프린트해서 나눠 주면서 읽고 표시하라고 했다. 어떤 단어가 눈에 띄는가? 구조적 특징은 무엇인가? 이 내용을 읽고 어떤 기분이 드는가?

하루는 슬리빈스키 선생님이 「우리는 가면을 쓴다」(We Wear the Mask)라는 제목의 시를 나눠 줬다. 나는 곧바로 읽기 시작했다. 저자인 폴 로런스 던바의 이름이 낯익었다. 고등학교 영어 교사인 새엄마가 늘 흑인 시인의 작품을 나에게 열심히 들려줬기 때문에 나는 지금 우리가 흑인의 삶에 관한 시를 읽게 될 것임을 알았다. 그랬는데도 다음 부분을 읽었을 때 눈이 휘둥그레지고 말았다.

> 왜 우리의 모든 눈물과 한숨을 세려면
> 세상이 지나치리만큼 영리해야만 하는가?
> 아니, 차라리 우리를 보게 하라.
> 우리가 가면을 쓰고 있는 동안에만.

가면. 심장이 빠르게 뛰었다. 내가 별 생각 없이 가면을 썼던 적이 얼마나 많을까 생각했다. 내가 백인들로부터, 심지어 내가 친구라 생각하는 이들로부터도 숨겨 온 부분이 있나? 교실에 흑인이 나밖에 없을 때랑 점심시간이나 가스펠송 합창 연습에서 다른 흑인 아이들에게 둘러싸여 있을 때랑은 기분이 확실히 다르긴 했다. 이 시를 다 읽었을 때 나는 안심한 동시에 슬퍼졌다. 그리고 슬리빈스키 선생님을 올려다보며 생각했다. **어떻게 안 거예요?**

그가 학생들의 토론을 유도하고 있음을 깨달았을 때 나는 몸을 움츠려서 더 작아 보이려고, 아예 사라지려고 했다. **나한테 이걸 설명하라고 할 건가요? 나 빼고는 전부**

## 백인인 이 학생들에게 흑인이 쓰는 가면에 대해 말해 보라고 할 건가요?

그러고는 내가 이런 반응을 보인 데 스스로 놀랐다. 내 경험이 거론되고, 토론의 주제가 되고, 모두의 관심을 받을 만한 가치가 있다고 평가되는 것이 대단히 기쁘면서도 한편으로는 흑인 전체의 대변인이 되고 싶지는 않았다. 너무 위험하게 느껴졌다. 반 친구들이 내가 경험한 약자의 입장을 알거나 이해하거나 접할 자격이 있는지 확신이 안 섰다. 나에게는 수업 과제가 아니라 생존 방식이었기 때문이다.

이는 대부분이 백인인 학급에 속한 흑인 아이들이 흔히 겪는 문제다. 다른 학생들도, 교사도 흑인 학생이 이 반의 인종 전문가 역할을 하는 데 아무런 문제도 없을 거라고 생각하는 경우가 많다. 그러나 우리는 인종 문제가 화제에 올랐을 때 우리가 과연 안전할 것인지 혹은 우리에게 흑인 전체를 대변할 자격이 있기는 한지 자문하기 시작한다. 내 말은, 각각의 주제에 대해 흑인 전체가 어떤 태도를 취할 것인지 결정하는 회의가 수요일 밤마다 열리는 건 아니라는 얘기다. 그러나 본능적으로 몸을 움츠렸을 때 내 머릿속에 이런 생각들은 하나도 없었다. 단지 가면을 벗고 싶지 않았을 뿐이다.

다행히 슬리빈스키 선생님은 나에게 던바의 시를 어떻게 생각하는지 말해 보라고 하지 않았다. 그날 수업이 시작된 후에 선생님과 말 한마디 주고받지 않았지만 내 의견을 밝히지 않기로 한 나의 결정을 그가 존중하고 있음을 느꼈다. 백인 학생들이—대부분 내가 진심으로 감탄했던 지성과 창의력을 가진 아이들이—시를 해석하려고 시도하는 것을 듣고 있으니 재미있었다. 그들의 대답이 아무리 논리적이었다 한들 그들은 **알지** 못했다. 하지만 슬리빈스키 선생님은 그들을 가만히 내버려 두지 않았다.

선생님이 나를 대체 교사로 삼지 않고 대화를 이끌어 갈 수 있을 만큼 준비된 사람이어서 고마웠다. 처음부터 슬리빈스키 선생님을 존경했지만 그날부터는 신뢰까지 하게 되었다. 그는 우리가 스스로 편안하다고 느끼는 범위를 넓히거나 좁힐 수 있는 사람이었다. 인종을 존재하지 않는 것 취급하는 사회정책을 위반한다고 해서 반드시 나쁜 결과가 나오는 것은 아니었다. 나는 그가 다른 학급에서도 토론을 잘 진행할 수 있길 바랐다.

4학년 말의 종교 수업 시간이 기억난다. 선생님이 학생들에게 장래 계획을 물었다. 대부분이 대학에 합격한 상태였으므로 대화가 자연스럽게 입시 지원, 장학금, 전공에 관한 이야기로 흘러갔다. 그때 한 백인 여학생이 미시간 대학교에 떨어져서 슬프다는 이야기를 했다. 그런데 그녀는 미시간 대학교에 지원자가 너무 많아서 자기가 떨어진 게 아니라 "흑인이 자신의 자리를 차지했을 것"이라고 말했다. 그리고 그 흑인은 평균 이상의 점수를 받은 사람도 아니고, 봉사 활동 시간이 그녀보다 많은 사람도 아니고, 자기 소개서를 더 잘 쓴 사람도 아니었다. 사실 흑인 합격자들이 그런 사람들이라고 하는 데서 그쳤다면 나는 그녀를 용서할 수 있었을지도 모른다. 그러나 그녀의 설명은 더 짧았다. "소수자 우대 정책 때문에 흑인한테 내 자리를 뺏긴 거야."

그녀의 자리.

혹은, 그녀의 문장에서 생략된 부분을 첨가하면 이렇다. "미시간 대학교가 자격 미달인 흑인들을 합격시키지 않았다면 내가, 그 사람들보다 훨씬 더 자격 있는 내가 쉽게 합격했을 거야."

피가 끓었다. 정말로 그녀에게 상처를 주고 싶었다. 합격한 **어떤** 학생―흑인이든 아니든―보다도 그녀가 자격이 떨어진다고 말하고 싶었다. 만약 내가 미시간 대학교에 지원했다면 그녀보다 먼저 합격했을 거라고, 그건 내 피부색과는 상관이 없다고 말해 주고 싶었다. 그녀에게서 뭔가를 뺏어 간 사람은 아무도 없다고 말해 주고 싶었다.

이런 생각을 하고 나서 스스로에게 소스라치게 놀랐다. 나는 미시간 대학교에 지원한 적이 없는데도 마치 내가 그 학교의 합격자인 양 그녀의 말에 상처받았다. 내가 볼 때 그녀는 특정 부류의 흑인에 대해 말한 것이 아니었다. 흑인 전체에 대해 말하고 있었다. 그래서 그녀에게 상처를 주고 싶었던 것이다. 그녀가 흑인들에 대해 정확히 어떻게 생각하는지 말했으므로 나는 반대로 내가 그녀에 대해 어떻게 생각하는지 말할 준비가 되어 있었다.

그때는 아직 내가 인종 문제에 관한 백인들과의 어색한 대화를 표현할 어휘를 배우기 전이었다. 당시에는 **백**

**인의 눈물**\*이나 **백인의 연약함**\*\* 같은 표현은 당연히 몰랐고 **백인의 특권**조차 찾아보기나 했는지 모르겠다. 그래도 이 모든 것을 배우고 있긴 했다. 이론이 아니라 실전을 통해서.

긴장이 고조되자 선생님은 완전히 얼어붙었다. 하지만 더욱 걱정스러웠던 것은 다양한 인종이 존재하는 학교에 4년이나 다녔는데도 백인이라는 이유만으로 자신에게 더 자격이 있다고 생각하는 학우의 믿음이 흔들리지 않았다는 사실이었다. 우리 학교의 '인종 간 조화' 때문에 그녀가 그런 생각을 갖게 된 것은 아니겠지만 그런 생각을 버리게 만들지 못한 것 또한 사실이다. 문제 회피는 그녀에게 아무런 도움도 되지 않았다. 고등학교 시절을 졸업하면서 나는 이 교훈을 가슴에 담았고 일견 화합처럼 보이는 것도 늘 의심해야겠다고 결심했다.

---

\*   제1세계 백인들이 현재 제3세계의 정치적, 경제적 문제들이 자신들의 식민주의의 결과임을 무시한 채 감상적인 관점에서만 바라보는 것.
\*\* 자신이 생각하는 인종주의의 개념에 의문이 제기되었을 때 백인이 방어적인 태도를 보이는 것.

### CHAPTER 4

# 여기에 친구는
# 없다

내가 대학교에 진학할 무렵의 시카고는 성인으로서 첫걸음을 내딛기에 완벽한 곳처럼 보였다. 나는 그 도시에 완전히 매료됐다. 사람들의 잰걸음, 아름다운 건축물, 거리 곳곳의 유색인들. 여기에서 굉장한 일이 일어나고 있는 것처럼 보였다.

첫 학기를 맞이하여 캠퍼스에 도착했을 때 나를 가장

먼저 놀라게 한 것은 크렌덜린 맥매스 교수님이었다. 경영학과 교수인 그녀는 나에겐 첫 흑인 선생님이었는데 강의실에 들어서는 것만으로도 좌중을 장악했다. 훤칠한 키, 어깨까지 내려오는 까만 머리, 큰 키를 더 커 보이게 만드는 정장. 그녀는 자신이 사회생활을 하면서 겪은 경험을 강의실에서 들려주는 훌륭한 교수님이었다. 그녀가 나와 같은 흑인 여성이라는 사실이 너무나 자랑스러웠다.

맥매스 교수님의 존재가 내게 준 선물은 우리가 같은 흑인 여성이라는 사실만이 아니었다(물론 그 자체도 특별한 일이긴 했지만). 진정한 선물은 내가 그녀의 수업에서는 억지 소속감을 만들어 내지 않아도 된다는 것이었다. 그 전까지는 선생님들이 백인 중산층의 경험을 언급할 때마다 암호 해독을 해야 했다. **그건 항해를 할 때와 비슷해요…….** 혹은 **여러분도 알다시피 스키를 탈 때는…….** 백인 선생님들은 **우리가 모두 똑같다**고 믿기로 무언의 약속을 한 듯했다. 백인 문화가 얼마나 자주 교과과정에 스며드는지를 그들이 보지 못하게 하는 디폴트 설정 말이다. 예를 들면 선생님들은 우리가 뭔가를 매일 해야 한다고 설득하려 할 때 '매일 아침 머리를 감는 것과 같다'고 곧잘 말하곤 했다. 흑인 여자애 중에 머리를 매일 감는 애는 없다는 생각은 한 적이 없었다. 그러나 흑인 학생들은 그 말이 백인들에게는 사실임을 알았기 때문에, 그리고 백인 교사들이 우리 모두가 똑같다고 믿는 것에도 익숙했기 때문에 그냥 고개를 끄덕이고 넘어갔다. 선생을 가르칠 시간이 어디 있단 말인가?

하지만 맥매스 교수님은 달랐다. 어느 날 사업 계획에 대한 수업 중에 그녀는 미용실 개업의 사례를 다루기로 했다. 우리의 대화는 평소처럼 흘러갔다. 그런데 갑자기 맥매스 교수님이 '릴랙서(relaxer)를 들여오는 것과 같다'는 비유를 했다. 나는 무슨 말인지 알아듣고 고개를 번쩍 들었으나 백인 학생들은 완전히 당황한 표정으로 강단 쪽을 쳐다봤다. 그 말을 알아들은 사람은 나뿐이었다. 맥매스 교수님이 학생들의 당황한 모습을 보고 놀란 척 연기하는 동안 나는 그녀를 향해 웃어 보였다. "아니, 여러분. 릴랙서가 뭔지는 다들 알잖아요?" 그들이 계속 멍하니 쳐다보자 그녀가 설명했다. 어떤 흑인 여자들은 머리에 릴랙서 시술을 하는데 그것은 백인이 파마를 했을 때와 반대의 결과를 낳는다. "릴랙서는 흑인들의 곱슬머리를 똑바로 펴 줘요⋯⋯ 곱슬머리를 풀어(relax) 주는 거죠." 그녀가 나를 향해 윙크를 했고 나는 함박웃음을 지었다.

그녀의 수업에서 느낀 소속감은 내게 기쁨이었다. 다른 사람을 위해 설립된 학교에 다니는 듯한 기분을 느끼는 게 갑자기 싫어졌다. 나는 백인 학생들과 똑같은 등록금을 냈다. 뭔가가 내 안에서 부글부글 끓고 있었다. 그리고 그것이 완전히 폭발하는 특별한 일을 나는 경험하게 된다.

그해 봄, 내 룸메이트가 상코파라는 여행을 같이 가자고 제안했다. 상코파는 다른 학생과 함께 흑인의 역사를 탐구하면서 미국 남부를 다니는 사흘 동안의 여행이었다. 우리 같은 팀이 스무 쌍 정도 있었는데 대부분 흑인 한 명과 백인 한 명으로 구성되었다. 우리는 시카고에서 루이지애나주까지 밤새 달려 첫 번째 목적지인 플랜테이션 농장에 도착했다.

우리는 노예제도의 가혹한 실상을 목격할 마음의 준비를 하고 갔지만 실제로는 농장 가이드들이 얼마나 무지하고 자화자찬인 사람들인지만 알게 되었다. 투어 내내 그들은 "행복한 노예"에 대해 이야기했다. 그 노예들은 밭에서 노래를 불렀고, 대부분의 노예들보다 나은 환경에서 일했으며, 어마어마한 양의 목화솜을 땄는데도 손가락에서 피 한 방울 나지 않았다. 가이드의 소개는 오해와 부정확함으로 가득했고 투어의 마지막에는 심지어 우리에게 목화솜 따기 체험을 해 보라고까지 했다.

흑인 학생들에게. 목화솜을 따라고.

흑인 학생들의 분노와 백인 학생들의 혼돈은 명백했다. 다음 목적지로 향하기 위해 버스에 올라탔을 때 우리의 대화는 피상적이고 자잘한 것들을 건너뛰었다. 우리는 돌아가면서 버스 앞에 나가서 마이크를 잡았다. 흑인 학생들은 낭만주의로 포장된 농장에 격노했다. 백인 학생들은 얌전히 듣고 있었지만 우리가 말하는 정보와 농장 '전문가들'의 설명 가운데 저쪽을 더 믿는 듯했다. 그들은 "홀로코스트나 감자 기근*의 경우는요? 역사적 트라우마가 없

---

\*   감자가 주식이던 아일랜드에서 1845~1849년에 감자 마름병이 유행하여 약 100만 명이 사망하고 100만 명이 이주했다. 이로 인해 아일랜드 인구가 20~25퍼센트 감소했다.

는 집단은 거의 없지 않나요?"라고 물었다. 우리는 오해를 바로잡으려고 최선을 다했지만 농장 투어로 백인 학생들과의 사이에 골이 생겼다. 그리고 다음 목적지에서 그 골은 한층 더 깊어졌다.

우리 버스는 사적 흑인 처형의 역사라는 한 가지 전시물만이 있는 박물관 앞에 멈춰 섰다. 모든 벽면이, 피부가 검은 사람이 어딘가에 목매달린 사진으로 도배되어 있었다. 교각에 목매달린 엄마와 아들. 모닥불 위에서 흔들리는 불탄 시체들. 백인 부모들이 훼손된 흑인 시체를 자랑스럽게 가리키는 모습을 깜짝 놀란 얼굴로 쳐다보는 백인 아이들. 백인들이 얼마나 즐거워하고 있는지를 보여주는 잔인한 미소. 사적 흑인 처형을 동네 행사로 광고하는 신문도 있었다. 또 어떤 엽서 앞면에는 밧줄로 매단, 훼손된 흑인 남자 시체의 사진이 있고 뒷면에는 손 글씨로 이렇게 적혀 있었다. "바비큐 파티에 초대하는 걸 깜빡했네. 미안."

전시물을 구경하는 동안에는 아무런 소리도 나지 않았다. 말하기는 고사하고 숨 쉬기조차 힘들었기 때문이다.

다시 버스에 올라탔을 때에는 훌쩍거리는 소리만 들렸다. 분위기가 무거웠다. 마치 사진 속 세대와 지금 이 버스 안에 앉아 있는 세대 사이에 시간차가 존재하지 않는 것만 같았다. 모든 것이 너무나 생생했다.

먼저 침묵을 깬 쪽은 백인 학생들이었다. "이런 일이 있었는 줄도 몰랐어요." "내 잘못은 아니잖아요. 나는 거기 없었으니까." 그들은 그 순간의 고통과 분노로부터 거리를 두기 위해, 죄책감과 수치심 혹은 충격과 비탄을 피하기 위해 아무 말이나 주워섬겼다.

흑인 학생들은 더 이상 예의를 차릴 생각이 없었다. 우리는 개인적인 사연—처형당한 직계 조상 이야기—을 이야기해서 사진 속 시체들을 생생하게 현실로 가져오려고 했다. 하지만 흑인들에게만 초점을 맞출 생각은 없었다. 백인들에게도 초점을 맞추려고 했다.

키 큰 4학년 흑인 여학생이 우리 모두를 쳐다보면서 차분하게, 그런 분위기임에도 불구하고 거의 사근사근하다고 할 법한 말투로 말했다. "나는 그냥 이젠 당신네 백인들한테 화내는 것조차 힘들다고 말하고 싶어요. 방금 백인들은 선천적으로 사악하다는 확신을 갖게 됐어요. 스스로도 어쩌질 못하는 거예요. 도둑질하고, 살인하고, 노예로 부리고, 처형하고. 당신들은 그냥 악마예요." 그러고는 마이크를 다음 사람에게 넘기고 나서 침착하게 자기 자리에 앉았다. 백인 학생들은 그녀의 말에 수긍하지 않았지만 흑인 학생들은 그녀의 발에 입이라도 맞추고 싶었다. 그녀가 방금 한 행동은 사회적 관습과 존중 정치*가 금하는 것이었다. 그녀는 버스에 탄 모든 백인의 감정이 상할 줄 알면서도 진실을 말했다.

긴장이 고조됐다. 새로운 사람의 말이 끝날 때마다 흑인과 백인의 사이가 점점 더 벌어졌다. 백인 학생들은 자기 가족의 역사를 변호했고, 흑인 학생들은 박물관의 사진들 속에서 우리 가족의 역사를 보는 것이 어떤 기분인지를 표현하려 애썼다. 그리고 점심때가 되어 버스가 주차장

---

\* 소수 인종이 백인 중산층에게 존중받게끔 행동함으로써 주류 사회에 편입한다는 전략. 이 전략을 취하는 소수 집단 지도자들은 백인 중산층의 문화적 규범에 맞는 행동은 권장하고 반대 행동은 비난함으로써 소수 인종의 행동을 검열 및 통제한다.

에 들어서는데 한 백인 학생이 자리에서 일어났다. 그녀는 다른 학생들처럼 '나한테 책임지라고 하지 마요'의 새로운 버전을 말하는 대신 심호흡을 한 뒤에 자기 감정을 그대로 쏟아 냈다.

"내가 정확히 뭘 어떻게 해야 할지는 모르겠어요." 그녀가 말했다. "나는 여러분의 고통을 덜어 줄 수도 없고 없앨 수도 없지만 볼 수는 있어요. 앞으로 평생 동안 여러분의 자녀가 인종차별의 고통을 겪지 않아도 되는 세상을 만들기 위해 노력할 거예요."

그다음에 그녀가 한 말을 나는 지금도 잊지 않았다. "이제 내 선택지에 '아무것도 안 한다'는 없어요."

그 말이 버스 안 분위기를 바꿔 놓았다. 그녀는 변명 없이 우리의 고통의 깊이를 인정했다. 그 순간 나는 그녀의 말이 나에게도 해당됨을 알았다. 그 여행에서 내 안의 뭔가가 변했다. 강력하고 착각할 수 없는 무언가가. 이제 내 선택지에 '아무것도 안 한다'는 없었다.

상코파에서 나는 처음으로 역사와 나 사이의 거리가 사라지는 것을 느꼈다. 익숙했던 역사 속 흑백 사진들이 이제는 컬러로 보였고 실제 장소, 이제는 내가 직접 걸어 본 장소들과 연결되었다. 나도 그 유산의 일부가 되고 싶다는 마음이 너무나 강해서, 지금껏 기독교의 이름을 빌려 이 역사적 만행을 옹호해 온 방식들에도 현혹되지 않았다. 어쨌든 나는 이제 싸움에 뛰어들어야 할 때가 되었음을 알았다.

그 후로도 여러 차례의 방문과 토론과 눈물과 기도 후에 우리는 시카고로 돌아왔다. 하지만 버스에서 내리기 전에 마지막 과제가 주어졌다. 이 여행에서 느낀 바를 토대로 자신이 앞으로 어떻게 변화의 주체가 될 것인지, 그 방법 하나를 공개해야 했다. 내가 그날 뭐라고 말했는지는 기억나지 않지만 마음만은 진심이었다.

나는 그 여행에서 만난 많은 친구들처럼 기획자 체질은 아니었다. 하지만 행사 참여는 하기 시작했다. 대학 당국에 흑인 교수와 사무원을 더 많이 고용하라고 압박하는 캠페인을 도왔다. 영화 토론이나 컨퍼런스 같은 인종 관련 행사에 참석해서 목소리를 보탰다. 인종 다양성을 실천할 수 있는 기도 모임이나 구역예배 같은 작은 모임들을 시작했다. 고등학교 때는 인종차별을 목격하고도 아무에게도 말하지 않았지만 대학교에 와서는 발언을 하기 시작했다.

우리 학교는 백인 학교였다. 그래서 대부분의 유색인 학생들은 백인 학생들에게 인종 정의(正義, justice)가 무엇인지 끊임없이 가르쳐야 했다. 우리는 대체로 이 역할을 받아들였다. 드디어 사람들이 **우리를** 이 방면의 전문가로 보기 시작했다고 생각했다. 우리는 백인이 표준인 공간에서 우리의 생각, 우리의 역사, 우리의 문화를 설파하는 것을 즐겼다. 적어도 우리 생각에, 우리는 선전하고 있었다. 하지만 이것만큼은 고백해야겠다. 인종 정의를 구현하려는 이 대학생들의 시도는 잘못된 길로 빠지기 쉬웠다.

언제부터인지 모르겠지만 나는 내가 백인들이랑 더 잘 맞는다는 믿음을 갖고 있었다. 이상하게 들릴지 모르지만 사실이다. 나의 가르침(그리고 배움)은 대부분 백인을 중심으로 이뤄졌다. 이를테면 백인의 특권, 백인의 무지, 백인의 수치심, 그리고 '백인이' 인종 정의가 훌륭한 대의임을 믿는 데 '필요한' 것들처럼 말이다. 영화 〈똑바로 살아라〉나 〈크래쉬〉에 관한 토론은 백인 등장인물들에 초점을 맞추는 경우가 많았고, 특권 걷기* 또한 백인들이 자신의 생득적 특권을 깨닫게 하는 데 초점을 맞췄다.

나는 마치 백인들이 이 문제의 중심인 것처럼, 그들이 위대한 희망이자 핵심 인물이며 인종 정의 및 화해의 열쇠인 것처럼 행동했다. 백인들이 귀 기울일 법한 목소리가 되기 위해 억지로 다른 사람이 되려 했다. 백인 우월주의가 인종 간 화해를 목표로 하는 프로그램에까지 침투하다니 놀라운 일이 아닐 수 없다. 그렇게 내가 완전히 새로운 방식으로 백인성 속에 함몰돼 버리려던 찰나, 내 인생에서 두 번째 흑인 선생님을 만났다.

심스 박사님은 아프리카계 미국인과 멕시코계 미국인의 역사를 가르쳤다. 갈색 피부에 대머리, 안경을 쓴 그

---

\* 일렬횡대로 선 참가자들이 사회자의 질문에 대한 자신의 대답이 "예"이면 한 걸음 앞으로 나오고 "아니오"이면 한 걸음 뒤로 물러나는 실험. 이때 질문은 "당신은 백인 남성입니까?"와 같은 것이다. 실험이 끝났을 때 남들보다 많이 앞으로 나와 있는 참가자는 그만큼 많은 사회적 특권의 소유자다.

는 팻 팜\*을 입었고 작은 가죽 파우치에 끈을 달아 크로스백처럼 메고 다녔다. 키가 170센티미터밖에 안 됐지만 많은 학생들에게 공포감을 주는 아우라를 뿜어냈고 정력적인 지식인인 동시에 현실 감각을 잃지 않는 풍부한 경험의 소유자이기도 했다. 많은 백인 학생들은 그를 역병 피하듯 피했지만 흑인 학생 중에 그의 수업을 한 번도 듣지 않고 졸업하는 사람은 없었다. 심스 박사님은 흑인 역사와 흑인 문화의 힘을 믿었다. 그것이 우리의 삶을 바꿀 수 있다고 믿었다.

심스 박사님은 옳았다.

그는 매 수업 시간을, 칠판에 새로운 용어를 쭉 적는 것으로 시작했다. 대개 그중 하나는 철자가 틀리곤 해서 우리는, 그의 명석한 두뇌에 철자처럼 사소한 걸 넣을 공간은 없나 보다고 놀리곤 했다. 미국의 노예제도에 관한 수업 날 강의실에 도착해 보니 이미 칠판에 용어들이 적혀

---

\*   유명 힙합 레이블인 데프 잼 리코딩스의 창립자 러셀 시먼스가 만든, 힙합에 프레피가 가미된 패션 브랜드.

있었다. **동산 노예제\***, **중간 항로\*\***, **노예 규약\*\*\***, **반란**, **드레드 스콧♦**, 그리고 대여섯 가지가 더 있었다. 그날 수업 시간 동안 그가 각 단어의 정의를 옛날이야기 하듯 설명해 주어서 우리는 과거에 있었던 사건들을 직접 목격한 것 같은 기분을 느꼈다.

수업할 때 심스 박사님은 부드럽게 반복적으로 이야기하면서 우리가 제대로 이해했는지 확인했지만 동시에 우리의 생각도 알고 싶어 했다. "말해 봐요, 케이트. 여기에 대해 어떻게 생각하죠?"라고 심스 박사님은 묻곤 했다. 학생이 너무 작게 또는 머뭇거리면서 말하면 그는 집게손가락과 가운뎃손가락을 쭉 뻗어서 빙글빙글 돌리며 학생

---

\* 노예를 사유 재산으로 간주하여 매매 및 상속을 허용하는 제도.
\*\* 아프리카에서 사들인 노예를 아메리카까지 운반하는 데 사용된, 대서양을 가로지르는 항로.
\*\*\* 대서양 노예 무역 및 아메리카 내의 노예 매매와 관련된 법률. 노예주의 권리와 의무를 규정한다.
♦ 미주리주의 노예 드레드 스콧은 자신과 아내, 두 딸이 노예제도가 불법인 일리노이주와 위스콘신 준주에 4년간 거주했었다는 이유로 노예 신분에서 해방해 달라는 소송을 제기했으나 패소했다.

4. 여기에 친구는 없다

을 격려했다. "더 크게. 우리는 학생의 생각을 듣고 싶어요. 더 크게 말하세요. 뒤에 앉은 학생들도 들을 수 있게." 우리의 통찰이 심오하건 평범하건 상관없었다. 심스 박사님은 우리의 의견을 자신의 수업과 연관시킬 방법을 언제나 찾아냈다. 말투는 다정다감했지만 우리에게 더 깊이 생각하라고 압박했다.

심스 박사님은 우리가 미국의 언어에 의구심을 갖길 바랐다.

그는 뉴스를 분석하라고 가르쳤다. "첫 번째 뉴스 꼭지에 흑인 범죄자들의 얼굴만 나왔다는 것을 알아차린 학생 있나요? 다음 꼭지에서는 아나운서가 군중이 있었다고 말합니다. 카메라 앵글이 군중을 작아 보이게 찍었는지 커 보이게 찍었는지 말해 볼 사람? 이 뉴스는 이민자에 관한 것인데 왜 유색인 이민자에만 초점을 맞췄을까요?" 그는 우리가 유의해서 보길 바랐다. 그가 곧잘 여러 가지 신문을 수업에 가져왔던 것을 기억한다. 하나는 영어 신문인 「시카고 트리뷴」이었고 다른 하나는 마찬가지로 시카고에서 발행되는 에스파냐어 신문 「오이」였다. 그는 우리에게 같은 사안에 대한 기사 두 개를 읽으라고 시킨 뒤에 이렇게 물었다. "두 기사가 어떻게 다른가요? 『시카고 트리뷴』에는 빠졌는데 『오이』에는 포함된 사실은 무엇인가요?"

그는 또 우리가 일상적으로 쓰는 '애국적인' 언어에 의구심을 가지라고 했다. 헌법 입안자들을 가리킬 때 심스 박사님은 그들을 건국의 아버지라고 부르지 않았다. "내 조상은 아니니까요!"라고, 사실을 있는 그대로 말했다. 그의 선언을 듣고 우리 모두는 다음과 같은 의문을 품게 됐다. **그들은 나의 조상인가?**

우리는 항상 심스 박사님에게 그가 우리 인생을 망쳤다고 말하곤 했다. 인종적 편견을 너무 의식하게 만들어서 더 이상 뉴스를 재미로 볼 수 없다고 했다. 영화를 볼 때도 예전과 달리 사실에 근거한 내용인지 분석했다. 우리가 읽는 문학 작품에도 특정한 가치관이 반영되어 있음을 인식하게 돼서 이제 그걸 찾아내지 않고는 못 배기게 됐다. 우리가 매사를 비판적으로 보게 된 것은 전부 심스 박사님 탓이었다.

심스 박사님은 우리에게 이름과 날짜를 외우라고 시

키는 데서 그치지 않았다. 과거에 진심으로 마음을 쓰게 만들었다. 마틴 루서 킹 목사 피살 사건에 대해 이야기할 때는 그의 눈에 눈물이 차올랐다. 마치 그 소식을 지금 처음 들은 사람 같았다. 수업 시간에 노동운동가 시저 차베즈의 업적에 관한 다큐멘터리를 틀어 줬을 때는 너무 울어서 강의를 취소했다. 심스 박사님은 우리가 수업에서 배운 것에 감정적으로 공감하길, 역사적인 인종차별의 고통과 공포와 부조리를 느끼길, 용감하게 제도에 맞선 사람들을 인간적으로 이해하길 바랐다. 우리는 심스 박사님 때문에 우리가 저항의 유산을 계승할 수 있다고 믿게 됐지만 그의 모든 충고 중에서도 유난히 인상 깊었던 충고가 하나 있다.

"여기에 친구는 없어요."

박사님이 이 말을 할 때마다—링컨 대통령이 인종주의를 실제로 어떻게 생각했는지에 관한 강의에서, 혹은 주요 매체들이 사회운동을 보도할 때 인용하는 수치가 왜 제각각인가에 대해 이야기할 때—나는 매번 웃음을 터뜨렸다. 심스 박사님은 파리 한 마리도 못 죽일 사람이었다. 항상 점잖고 온화한 분위기를 물씬 풍겼고 비판자들에게 대답할 때도 지식과 유머를 활용했다. 나는 그가 목소리 높이는 것을 한 번도 들어 본 적이 없었다. 유일한 예외는 학생들 간의 토론이 격해져서 엉망진창이 되기 직전에 "여러분! 여러분!" 하고 외칠 때뿐이었다. 그래서 지나친 일반화로 인식될 수도 있고 본질적으로 타인을 의심하는 말인 "여기에 친구는 없어요"는 일탈처럼 느껴졌다. 그럼에도 우리 모두는 그의 말이 농담이 아님을 알았다. 역사책에서도, 우리 대학 캠퍼스에서도 수없는 예를 목격했지만 이 인생의 진리가 얼마나 깊이, 또 멀리까지 닿는지 깨닫는 데는 시간이 걸렸다.

그때부터 학부를 졸업할 때까지 박사님의 말은 백인들이 바보짓을 할 때마다 생각났다. 흑인 학생들에게, 학교에 불만이 그렇게 많으면 그냥 떠나라고 말하는 기사가 교지에 실렸을 때. 구내식당에서 인종차별적인 발언을 우연히 들었을 때. 기숙사 사감에게 흑인 미식축구 선수들이 로비에 앉아 있다고 해서 로비가 갑자기 "무서운 곳"이 되지는 않는다는 말을 100만 번째 할 때. 이런 일이 있을 때마다 심스 박사님의 목소리가 머릿속에서 들리곤 했다.

**여기에 친구는 없어요.**

맥매스 교수님, 심스 박사님, 그 외에 소수의 교수들과 사무원들은 백인들의 공간에서 흑인 학생으로 산다는 것이 무엇인지 정의하도록 도와줬다. 내가 원하는 것을 적극적으로 요구하도록 도와줬다. 내가 나 자신의 목소리를 탐구해도 안전하게끔 만들어 줬다. 백인성에 둘러싸이는 일이 잦았지만 그들은 내가 인종주의자들에게 대꾸할 수 있음을 상기시켜 줬고 흑인의 역사에서 위안을, 흑인 공동체에서 치유를 얻으라고 격려해 줬다. 나 자신, 나의 특질, 나의 소명, 세상에서의 본분에 대해 백인성으로부터 배운 것을 다시 한 번 비판적으로 생각해 보라고 압박했다. 뒷사람들에게 들릴 때까지 목소리를 높이라고 가르쳤다.

그리고 학교가 끝났다. 바깥세상으로 나갈 시간이 됐다. 나가 보니 심스 박사님의 말이 옳았다. 그 말이 틀렸길 바란 순간에조차도.

▶ CHAPTER 5 ◀

# 직장 생활에서 접하는
## 백인성

고백한다. 대학을 갓 졸업했을 때 나는 내가 백인 문화에 침투한 첩자라고 생각했다. 무서운 게 없었다. 언젠가 인종차별이 보라색 용처럼 흉측한 머리를 들면 그걸 발견한 순간 단칼에 끝장낼 능력이 나에게 있다고 생각했다. 하지만 완전한 오산이었다. 알고 보니 백인 우월주의는 위풍당당한 괴물이라기보다는 오히려 독에 더 가까웠다. 사람 마음에 방울방울 스며들어 내가 현실을 제대로 인식하고 있는지 의심하게 만든다.

흑인 여성으로서 백인 일색인 기독교 비영리단체에서 일하는 것은 학생 때 상상했던 것보다 훨씬 더 힘들었다. 학교에서도 백인성에 둘러싸여 있긴 했지만 대학은 학생들에게 권위에 의문을 품으라고, 문화 충돌을 헤쳐 나가 보라고, 대안 단체나 동아리를 만들어 보라고 권장하곤 한다. 모든 학교에는 분명 학생들을 대상으로 한 제한선이 있지만 기본적으로 학생들이 그 제한선을 넘어 보길, 책뿐만이 아니라 실전 경험을 통해서도 배움을 얻길 기대한다. 그러나 사회생활은 완전히 달랐다.

기업들은 자신의 (여성, 유색인, 장애인 등과 관련된) '다양성 추구 노력'에 대해 이야기하길 좋아한다. 하지만 나는 우리 재단 이사회와 나눴던, 보기 드물게 솔직한 대화를 기억한다. 이 대화를 통해 그들이 말하는 '노력'이 대개 어떻게 이루어지는지 알게 됐다. 때는 입사한 지 채 1년이 안 됐을 무렵, 새로운 인종 다양성 훈련 프로그램을 승인받으려는 참이었는데 이 회의가 잘 풀리고 있지 않다는 걸 알 수 있었다. 왜냐하면 재무 이사가 "이런 반대 의견이 있을 수도 있다는 걸 알려 주는 거예요……"라더니 절대 자기 의견은 아닌 척하려고 아주 차분한 말투를 유지하면서 다음과 같은 일련의 질문을 쏟아 냈기 때문이다. "왜 동화 정책은 사용하지 않는 겁니까? 그게 조직 문화의 핵심 아닌가요? 우리가 지금 원하는 게, 다양한 배경의 직원들을 데려와서 하나의 통일된 조직을 만드는 것 아니에요?"

내 입은 충격으로 쩍 벌어졌지만 입을 제외한 온몸은 얼어붙었다. 내 프로그램의 생사여탈을 쥔 사람에게 어떻게 진실을 전달해야 할지 알 수 없었다. 그가 바라는 통일성은 늘 흑인의 희생을 요구한다는 걸 어떻게 설명할 수 있을까? 전에도 유색인에게 의미 있는 기회를 만들어 주려는 여러 단체와 일해 봤지만 이렇게 대놓고 동화를 옹호하는 사람은 본 적이 없었다. 특히 재단 강령 및 성명에 떡하니 다양성 추구라고 적어 놓은 단체에서 말이다. 그래, 사실 우리 팀의 유색인 직원들은 이미 그 강령에 의구심을 품고 있었고 이 재단이 의견과 문화의 다양성은 거부하고 피부색의 다양성만 원하는 게 아닌가 의심했다. 단지 내가 그 정도로 영향력 있는 인물이 그런 말을 해맑게 입 밖에 내리라곤 상상조차 못한 것뿐이다.

인종 다양성으로 화려하게 장식된 웹사이트의 그럴듯한 사진들과 잘 만들어진 강령들을 믿는 것, "변화의 일부"가 되는 과정에 참여하는 것을 즐기기란 쉬운 일이다. "가교를 놓는 역할"이란 이름 또한 매력적으로 들린다. 그 가교가 실은 내 부러진 등뼈를 가리키는 경우가 얼마나 많은지 깨닫기 전까지는.

시작은 대개 면접에서부터다.

이런 순간에 과잉 보상의 유혹을 뿌리치긴 어렵다. 일자리가 필요하고 구인 광고에 기술된 업무 내용에 정말로 끌린다면 그 자리에 앉아 정답을 얘기하고, 정확한 지점에서 웃고, 적절한 농담에 맞장구치는 편이 더 쉽다. 어쨌든 목표는 좋은 인상을 주는 것이기 때문이다. 내가 지금 호감 가게 행동하고 있나? 면접관들이 좋아할 만한, **나도 당신들과 비슷한 사람입니다**를 암시하는 영화와 음악과 책을 제대로 언급하고 있나? 때로는 나도 그냥 내가 할 수 있다는 걸 증명하고 싶다. 그들을 편안하게 만들 수 있고,

그들에게 믿음을 줄 수 있음을 증명하고 싶다. 하지만 문제는 항상 이거다. **그럴 가치가 있는가?**

백인 단체들은 자신들이 얼마만큼의 흑인성을 원하는지를 끊임없이 알린다. 그것은 숫자에서 시작된다. 몇 명에게 장학금이 지급되는가? "동네 아이들"용으로 "빼놓은" 좌석이 몇 석인가? 몇 명의 흑인이 출석해야 우리의 다양성 수준이 '괜찮다'고 평가받을 수 있는가? 웹사이트에, 광고에, 팸플릿에 유색인이 몇 명 필요한가?

하지만 숫자는 시작에 불과하다. 백인들은 자신들의 구역 안에 허용된 흑인성의 양을 끊임없이 검열하며 꼭 필요한 만큼을 넘지 않게끔 신경 쓴다. 마틴 루서 킹 목사의 날*에 우리가 희망적인 '우리 승리하리라'(We Shall Overcome)를 부르는 것은 좋아하지만 백인들을 고발하는 '이상한 열매'(Strange Fruit)**를 부르는 것은 원치 않는다. 흑인이 회의에 참석하는 것은 보고 싶어 하지만 반

---

\* 1월의 세 번째 월요일.
\*\* 백인들에 의해 나무에 목매달린 흑인들의 시체를 이상한 열매라고 표현한, 빌리 홀리데이의 노래.

대 의견은 듣고 싶어 하지 않는다. 자선 활동이나 도시 재개발 사업을 통해 가난한 흑인들을 도운 것에 대해 스스로를 치하하고 싶어 하지만 흑인들의 지혜, 재능, 영적인 깊이에서 뭔가를 배울 생각은 없다. 그들은 백인의 선량함, 백인의 진보성, 백인의 관대성을 증명해 줄 만큼만 흑인을 원한다. 아주 약간의 흑인성, 자기들이 통제할 수 있는 만큼만을 원하는 것이다.

당신이 백인들로 이루어진 세계에서 사회생활을 하는 흑인 여자일 경우 이 모든 것이 어떤 식으로 구현되는지 살펴보자.

**오전 8시 55분**. 나는 회사에 도착해서 사무실로 가기 위해 로비를 지난다. 그런데 로비를 가로지르는 도중에 지역 원조 센터로 가는 길을 찾는 것이냐는 질문을 세 번이나 받는다. 내 뒤에서 걸어오고 있는 백인 동료는 단 한 번도 이 질문을 받지 않는다. **이 상황이 내포한 메시지. 나는 흑인 여자이므로 가난하고 도움을 필요로 할 것이다.**

**오전 8시 58분**. 나는 책상에 핸드백을 내려놓는다. 아까 내 뒤에서 걸어오던 백인 동료가 깜짝 놀란 표정으로 나를 쳐다본다. 나의 파인애플 머리를 처음 본 것이다. 그녀는 정말 멋있다고 말하면서 내 머리를 향해 손을 뻗는다. 내가 그녀의 갑작스러운 무람없는 행동에 놀라 몸을 뒤로 빼자 그녀는 상처받은 표정으로 어쩔 줄 모른다. **메시지. 나는 그들과 다르고 이국적이다. 누구든 나를 칭찬하는 사람은 내 몸에 무슨 짓을 해도 된다.**

**오전 9시 58분.** 한 시간 뒤 나는 상사에게 호출을 받는다. 그녀의 사무실에 도착하자 상사가 방문을 닫으라고 한다. 그녀는 제보를 하나 받았다고 말한다. 단지 나에게 친근함을 표시하려던 누군가를 내가 불편하게 만들었다는 것이다. 그녀는 나에게 그렇게 배타적으로 굴지 말고 협동심을 기르라고 말한다. 나는 믿을 수 없다는 표정으로 그녀를 쳐다본다. 그리고 이것이 아까 그 동료 한 명만의 문제일까, 아니면 나를 불편해하는 백인들이 매주 내 상사에게 이메일을 보내는 것일까 생각한다. **메시지. 백인들이 느끼는 감정은 모두 내 책임이며 상사는 이러한 비난이 있을 때 나를 변호해 주지 않을 것이다.**

**오전 10시 5분.** 내가 대꾸하려는데 상사가 말허리를 끊으면서 말투를 바꾸는 것이 좋지 않겠냐고 말한다. 자기는 나를 도우려고, 내가 이 회사에 오래 다닐 수 있게 해 주려고 하는 것뿐인데 내가 화난 말투로 이야기하고 있다는 것이다. 나도 내 나름의 불만을 중얼거려 보지만 상사가 손짓 한 번과 함께 노력하자는 말로 내 입을 막아 버린다. **메시지. 내가 상처받거나 오해받았을 때에도 내 말투는 화난 것으로 해석된다. 실제 감정이 어떤지는 상관없으며 나를 해고하기 위한 핑계로 사용될 수 있다.**

**정오.** 점심시간이다. 다른 부서의 친구들과 얘기해야만 한다. 우리 유색인 여자 모임은 이 점심시간을 서로 응원하고 격려하는 시간으로 활용하고 있다. 그들과 조금 얘기하고 나니 다시 숨 쉴 수 있을 것 같다. 비록 같은 부서에서 일하지는 않지만 그들은 내가 이곳에서 이만큼 오래 버틸 수 있었던 이유다. 나는 사무실로 돌아간다.

**오후 1시.** 이번 주까지 끝내야 하는 프로젝트가 있어서 주위의 소음을 차단하기 위해 헤드폰을 쓴다. 그때 같은 팀 동료가 내 자리에 찾아온다. "오스틴, 잠깐 시간 있어요?" "그럼요." 나는 대답한다. "당신은 사무실에서 헤드폰을 자주 쓰는 것 같아요." 그녀가 말한다. "그런데 그게 우리랑 어울리기 싫어서 그러는 것처럼 보일 때가 있어요." 나는 심호흡을 한다. 우리 사무실은 하나의 열린 공간으로 되어 있어서 집중해야 할 때 헤드폰을 쓰는 사람이 많다. 내가 남들보다 특별히 더 자주 쓰진 않는다. **메시지. 나의 행동은 남들과 다른 기준으로 감시당한다. 행동의 의도 역시 최대한 나쁜 것으로 가정된다.**

**오후 1시 5분**. 나는 우리가 함께 작업 중인 프로젝트로 얼른 화제를 돌린 다음, 오늘 아침에 내가 수정한 사항들에 대해 이야기하려 한다. 그런데 대화를 시작한 지 30분이 지나자 나는 흑인 음악, 동료가 며칠 전에 본 "도시 범죄"라는 뉴스 보도, 그리고 입양아인 그녀의 흑인 조카가 얼마 전 한 말에 대한 질문에 대답하고 있다. 그녀는 **흑인**이라는 단어를 강조하지만 그 단어를 소리 내어 말하는 데 익숙지 않아 보인다. 나는 피곤하다. 어쩌다 이런 대화를 나누게 됐는지 모르겠다. **메시지. 나는 백인 동료들이 인종 문제에 있어서 혼란스러울 때 가르침을 주기 위해 있는 사람이다.**

**오후 1시 40분**. 나는 심호흡을 한다. "운동 삼아 나가서 커피나 사 오려고 하는데 뭐 좀 사다 줄까요?" 나는 커피를 좋아하지 않지만 이 대화를 끝내기 위해서라면 마실 수 있다.

**오후 1시 50분**. 회사 옆 커피숍에 줄 서 있는 동안 예전에 복도에서 나를 불러 세우곤 "검둥이"라고 불렀던 남자를 발견한다. 그는 내가 진행하는 화요일 밤 인종 수업에 와서 흑인성에 대한 질문을 퍼붓더니 그 후로는 단 한 번도 오지 않았다. 당시 나는 그 자리에서 그의 질문에 대답하는 대신 수업에 한 번 더 오라고 말했었다. 그런데 그가 지금 내 뒤에 서 있다. 그는 나를 알아보고도 말을 안 걸 수도 있고 내가 다른 흑인이라고 생각할 수도 있다. 어쨌든 그가 아무 말이 없는데도 내 몸은 이미 긴장으로 뻣뻣하다.

**오후 2시 7분**. 내가 커피를 받아서 출구를 향해 돌아서자마자 일이 터진다. 난생처음 보는 사람이 자기가 나한테 이메일을 보냈다며 나랑 또 수다 떨고 싶다고 말한다. 우리가 같은 회사에서 일하는 것은 사실이지만 나는 이 여자를 한 번도 만난 적이 없다. "다른 사람이랑 헷갈리셨나 봐요." 내가 말한다.

그녀는 내가 틀렸다고 우긴다. "아니에요, 기억 안 나요?" 나는 그녀를 멍하니 쳐다본다. 내 손에 든 따듯한 커피가 내가 무슨 기억장애에 걸린 것이 아님을 상기시켜 준다.

나는 그녀의 말이 끝나기를 기다렸다가 다시 한 번 천천히 말한다. "다른 사람이랑 헷갈리셨나 봐요." 그러나 그녀는 설명을 계속하고 결국 나는 그녀가 나를 누구와 헷갈렸는지 알게 된다. "아뇨, 그건 제가 아니에요. 그 사람은 커뮤니케이션 부서에 있는 티나예요. 좋은 사람이니까 두 분이 대화가 잘 통할 것 같네요." 그녀가 눈이 휘둥그레지며 당황한 표정이 역력하다. "미안하지만 빨리 가 봐야 해서요!" 나는 그녀의 변명이 구구절절 이어지기 전에 그 자리를 뜬다. **메시지. 내 외모에는 개별성이 없다. 나는 다른 모든 흑인 여자와 호환 가능하다.**

**오후 2시 17분**. 사무실에 돌아와서 오후 회의를 준비한다. 나는 우리 팀 앞에서 간단한 프레젠테이션을 할 예정이다. 내 관점이 동료들과 다를 때가 많다는 건 알지만 열심히 준비했기 때문에 프레젠테이션 내용에는 자신이 있다. 심장이 두근거린다. 팀원들은 어떤 반응을 보일까?

**오후 2시 30분**. 회의가 시작된다. 나는 8분간 발표한다. 잠시 침묵이 흐르더니 비판이 이어진다. 이럴 가능성을 예상했기 때문에 그들의 말을 끝까지 잘 듣는다. 말이 끝나기도 전부터 답변을 준비하지 않으려 애쓴다. 그런데 내가 입을 떼기도 전에 다른 동료가 끼어든다. "제 생각에 오스틴이 하려는 말은······." 갑자기 모두가 고개를 끄덕이기 시작한다. 내가 한 말을 토씨 하나 다르지 않게 반복하고 있을 뿐인데 말이다. **메시지. 내 아이디어가 좋다는 평가를 받으려면 백인의 승인과 해석이 필요하다.**

**오후 3시 30분**. 회의가 끝나자 몇 명은 자기 자리로 뛰어간다. 나도 확인해야 할 이메일이 밀렸지만 뒤에 남아서 동료들과 담소를 나눈다. 내 자리로 서둘러 돌아가면 반사회적 인간으로 낙인찍히기 때문이다. 나는 동료들과 한담을 나누다가 내가 나가는 것이 눈에 띄지 않도록 다른 사람과 함께 회의실을 나온다.

**오후 3시 40분**. 내 자리에 돌아와서 시계를 본다. 퇴

근하려면 아직도 두 시간이나 남았다.

이것이 우리가 매일 겪는 사소하지만 짜증스러운 일, 백인들이 보내는 미묘한 메시지다. 하지만 우리는 다른 종류의 상처도 참아야 한다. 백인들은 늘 재능과 솜씨를 칭찬받지만 유색인 여자들은 리더가 될 **잠재력**이 있다는 이야기만 듣는다. 백인들은 무능함이 드러나도 상사가 그들에게 더 적합한, 새로운 자리를 찾아 주려고 온갖 노력을 기울인다. 반면에 유색인들은 네 일을 똑바로 하라는 말을 듣거나 해고된다. 선발 위원회는 이사진과 간부들, 사제들, 교수들과 사무원들의 인종을 다양화하겠다는 약속을 하지만 결국에는 백인을 뽑는다. 이런 사례들이 쌓이다 보면 내가 평가절하되고 있다는, 인정받지 못하고 있다는, 소모품으로 쓰이고 있다는 기분을 느끼게 된다.

사회생활을 오래 하면서 나는 "그렇게 마음에 안 들면 나가지 그래?"라는 대답을 듣는 데 익숙해졌다. 마치 이 사례가 예외적 현상이거나 소수의 태만한 조직에만 존재하는 현상인 것처럼. 하지만 설령 이 현상이 예외라 하더라도 흑인 여자가 사표를 내자마자 곧바로 다른 곳에 취

직할 수 있으리라고 믿는다면 너무나 세상 물정을 모르는 것이다. 이직은 그렇게 간단한 일이 아니다. 그래서 흑인 여자들은 묘안을 생각해 낸다.

이 묘안이란 달걀 포장재를 재활용하는 방법이나 클립을 기발하게 사용하는 방법을 의미하지 않는다. 여기에는 상사나 동료에게 (말투가 거슬린다고 지적받을) 이메일 쓰는 것을 서로 도와주기가 포함된다. 우리의 묘안에는, 받은 메일함 안에 따로 폴더를 만들어 놓고 우리의 프로젝트, 태도, 재능을 칭찬한 모든 이메일을 보관하는 것이 포함된다. 이것은 우리의 자존감을 높이기 위해서가 아니다. 일종의 보험이다. 이와 반대되는 내용의 이메일을 우리의 상사에게 보내는 사람이 분명히 있을 것이기 때문이다. 우리의 묘안에는 친구, 동맹자, 협력자, 즉 믿을 수 있는 사람 찾기가 포함된다. 같이 점심을 먹을 수 있고 우리의 존재를 설명하지 않아도 되는 사람 말이다. 우리의 묘안에는 페이스북 비밀 그룹 만들기가 포함된다. 여기에서 우리는 회사에서 받은 미묘한 인신공격에 대해 이야기하고 거기에 대처할 방안을 강구한다.

그러나 이런 묘안이 있어도 불가피한 일은 피할 수 없는 경우가 많다. 지연할 수는 있지만 백인 기독교인들을 위해 일하는 사람은 결국에는 이 질문을 받는다. **하나님이 정말 당신을 여기로 부르셨다고…… 확신해요?**

그제야 내가 얼마나 보잘것없고 하찮은 인간인지 알게 된다.

그들은 회사 정책이나 사람들의 편견이나 나의 인간관계에 대해 묻는 것이 아니라 하나님이 나에 대해 어떻게 생각하냐고 묻는다. 편리한 질문이다. 갈등에 대한 그들의 책임을 면제해 주기 때문이다. 그런데 백인 문화에 동화되라는 제안이 항상 수동 공격이거나 악의를 담고 있지는 않다. 아주 다정하게 들릴 때도 있다.

유난히 힘들었던 한 주가 끝난다. 내가 일하는 곳이 기독교 단체이기에 동료들이 나를 위해 기도해도 되냐고 묻는다. 나는 그들이 내 기분을 알아차렸다는 사실에 감동받는다. 그들이 모여들더니 내 어깨에 손을 얹는다. 나는 눈을 감고 깊은숨을 들이쉬며 그들의 말에 귀 기울인다. 그러나 내가 채 알아차리기도 전에 기도가 방향을 바꾼다. 그들은 나의 상황이 아니라 나에 대해 말하고 있다. 내가 이해받게 해 달라고 기도하는 것이 아니라 내가 더 많은 감사 기도를 하게 해 달라고 기도하고 있다. 내 앞에 문이 열리게 해 달라고 기도하는 것이 아니라 하나님에게 내가 갖지 못한 재능을 달라고 부탁하고 있다. 이 기도는 나를 위한 것이 아니다. 내가 **그들이** 원하는 모습으로 변하게 해 달라는 기도다. "주님, 이 흑인을 저희처럼 만들어 주소서."

내 동료들이 그 둘의 차이를 알기나 하는지 모르겠다. 그들은 너무나 오랫동안 이렇게 기도해 왔다. 백인들은 이런 식으로 자기들이 유색인에게 정말로 바라는 것을 드러낸다. 우리가 속이 텅 빈 꼭두각시가 되어 백인 단체의 성공에 필요한 아무것으로나 변형될 수 있길 바란다. 그들이 보는 잠재력, 가능성, 미래란 흑인들이 백인을 따라 하려고 열심히 노력하면 떡고물을 조금 나눠 받을 수 있는 세상이다. 처음에는 내가 백인들과 있을 때만 백인 문화적 소통 방식에 맞추면 된다고 생각했다. 알고 보니 그것으로는 부족했다. 그들이 궁극적으로 원하는 것은 내가 백인들의 사고방식, 행동 방식, 소통 방식, 세계관이 무엇보다도 더 가치 있음을 깨닫는 것이었다.

    기독교 단체가 흑인의 지성과 심성이라는 축복을 받게 해 달라고 기도하는 경우는 드물다. 따라서 우리는 스스로에게 상기시켜야 한다. 그것이 독을 몰아낼 수 있는 유일한 방법이다. 우리는 스스로에게, 또 서로에게 우리가 충분히 훌륭한 존재라는 사실을 상기시켜야 한다. 그리고 흑인들이 열등하다는, 백인들의 궁극적 메시지에 맞서 스스로를 무장해야 한다. 거울을 들여다보면서 우리도 충분히 유능하고 재능 있고 쓸모 있다고 되뇌어야 한다. 우리는 무늬만 인간이 아니다. 인간으로서 가져야 할 모든 가치를 가지고 있다. 완벽하지는 않지만 이 자리에 있으며 우리가 속한 회사와 단체에 특별하고 아름답고 지속적인 것을 기여할 능력이 있다.

막간

# 내가
# 흑인 여성이라는 점이
# 자랑스러운 이유

나는 백인들의 공간에서 일하는 흑인 여성이라는 이유로 나 또한 백인들처럼 백인이 흑인보다 우월하다고 생각하는 것 아니냐는 의심을 받아 왔다. 사람들이, 그중에서도 내가 친구라고 생각했던 이들이 나를 믿어 주지 않자 나의 자아감은 시간이 흐를수록 떨어져 갔다. 사회생활을 시작하고 난 뒤로 이런 일을 계속 겪다 보니 내가 흑인 여성이라는 사실이 왜 자랑스러운지를 매일 상기하는 것이 필수적인 일과가 되었다.

흑인들이 어떻게 살아남았는가에 관한 이야기를 들으면 나는 기운이 샘솟는다. 백인들이 우리의 역사—우리의 삶, 우리의 노고, 우리의 문화, 우리의 태생—를 훔치려 했지만 우리는 기록을 복원한다. 인구조사 결과, 사진, 증명서, 명문(銘文)을 찾아낸다. 나는 할머니 덕분에 노예제도, 사적 흑인 처형, 흑인 차별 정책과 관련된 승리의 이야기를 잔뜩 알고 있다. 백인들이 아무리 해도 부숴뜨리지 못했을 만큼 우리의 존엄이 강했기 때문이다. 나는 할머니의 무쇠솥을 만져 봤고 증조할머니의 성경을 쥐어 봤다. 그리고 어르신들의 발치에 앉아 우리 모두의 과거를 기리는 이야기에 귀 기울인다.

스스로에 대한 의구심이 들 때 나는 우리가 창조자라는 사실을 떠올린다. 우리는 언어의 개척자다. 새로운 말을 만들고 오래된 말은 없앤다. 우리가 만든 준말이 전국적인 유행어가 된다. 우리에게는 우리끼리만 사용하는 언어가 있다. 우리의 단어가 도둑맞거나 오용되는 경우도 많지만 우리는 그 단어의 진정한 깊이를 안다. 우리의 대화는 응창\*과 같다. 흑인이 아닌 사람에게는 우리가 서로의 말허리를 끊는 것처럼 보이겠지만 우리는 교회 안에서 하던 일을 교회 밖으로 가지고 나왔을 뿐이다. 우리는 상대방의 말이 맞다는 의미에서 "아멘"과 "그렇고말고"를 외칠 것이다.

내 외모가 백인들 사이에서 눈에 띄는 것이 불편하고 나 또한 다른 사람들만큼 아름답다는 사실을 잊어버릴 때면 눈을 감고 아빠의 손가락이 내 머리를 어루만지던 감각을 떠올린다. 아빠는, 내 두피는 민감하지 않으니 꼼지락대지 말라면서 미리 완벽하게 구획을 나눠 둔 머리를 땋아주곤 했다. 흑인 모발용 헤어용품인 블루 매직과 핑크 로션, 뜨거운 고데기 냄새와 함께 나는 내 머리로 할 수 있는 것을 전부 배웠다. 생머리, 릴랙서로 편 머리, 땋은 머리, 드레드록, 꼰 머리, 매듭지은 머리, 콘로 머리, 가발을 꿰맨

---

\* 찬송가를 부르는 형식 가운데 하나로, 선창이 계속되는 상태에서 후창이 시작된다.

머리. 우리의 머리카락은 자기가 원하는 것은 뭐든 할 수 있다. 그리고 코코아버터를 피부에 바를 때는 엄마 손의 온기를 떠올린다. 엄마는 아무 데도 빠뜨리지 말라고, 발목 뒤와 무릎 주위에도 꼭 바르라고 말하곤 했다. 엄마의 보살핌을 받던 기억은 내 몸이 마땅히 보살핌 받아야 할 존재임을 상기시켜 준다.

흑인 여성은 내가 지금까지 다녔던 모든 교회의 중추이자 손발이었다. 그들은 하나님이 침묵할 때 말하는 예언자다. 그들은 음식과 친절로, 기꺼이 내주는 의자로, 집이라 부를 수 있는 장소로 새로운 신도를 환영한다. 우리는 어디서든 공동체를 만들 수 있다. 교회나 직장만이 아니라 흑인 헤어용품 코너, 엘리베이터, 우리가 서로를 알은척할 수 있는 곳이면 어디서든 가능하다.

나는 흑인들이 요구 사항이 많기 때문에 내가 흑인 여성이라는 사실이 자랑스럽다. 우리는 완전히 인간다운 삶을 살 권리를 요구한다. 투표할 권리, 교육받을 권리, 일할 권리, 집을 얻을 권리, 법 앞에 평등하게 대우받을 권리를 요구한다. 그 방법 또한 창의적이다. 연좌 농성과 드러눕기, 팻말과 시위가(示威歌), 글쓰기와 영화 만들기. 우리는 조상들이 요구했기에 요구한다. 우리의 존엄을 믿기에 요구한다.

나는 얼마든지 계속할 수 있다. 니키 지오바니와 루실 클리프턴의 시 얘기는 아직 시작하지도 않았고 자식들에게 계속 계속하라고 다그쳤던 남부의 모든 할머니들 얘기도 아직 하지 않았다. 낯선 이들의 포옹과 고개인사와 칭찬 얘기도 아직 못했다. 흑인의 멋을 보여 주는 우리의 사진가들과 무용수들, 정치인들과 교사들. 그리고 우리가 사랑하는 평범한 사람들. 나눠야 할 아름다움이 너무나 많다. 하지만 내가 하고 싶은 말은 이거다. 나는 내가 흑인 여성이라는 점이 자랑스럽다.

► CHAPTER 6 ◄

# 백인의
# 연약함

많은 백인들은 흑인 교사나 목사, 교수, 상사 밑에 한 번도 있어 본 적이 없다. 권력을 쥐고, 기준을 세우고, 점수를 매기고, 도덕적인 명령을 내리는 사람은 대개 그들과 같은 외모를 가진 사람이다. 내가 경력이 쌓이면서 어느 정도 윗사람의 위치에 있게 됐을 때 나는 백인들의 세계에서 최초의 흑인 여성 권력자가 된다는 것이…… 힘든 경험임을 알게 되었다.

특히 한 백인 남자가 백인들이 얼마나 쉽게 흥분하는지 알게 해 준 날을 나는 잊지 못할 것이다. '인종과 신앙'이라는 수업을 막 마친 참이었다. 그날 수업 시간에는 인종과 관련된 흔한 고정관념이 무엇인가, 그것은 어디에서 유래했는가, 어떻게 강화되는가, 우리 자신과 다른 사람들 안의 고정관념과 싸우기 위해서는 어떻게 해야 하는가에 대해 이야기를 나눴다.

수업이 끝나 갈 무렵 나는 수업 참가자들이 포스트잇을 붙여 놓은 벽을 가리키면서 우리가 다 같이 깨달음을 얻었던 순간에 대해 이야기했다. 둥그렇게 놓인 접의자에 앉은 참가자들 가운데 한 남자가 팔짱을 끼고 웅크려 있길래 수업 내용에 대한 생각에 잠겼구나 생각했다. 그런데 그때 그가 내 말허리를 끊으려 하기에 수업이 끝날 때까지 기다려 달라고 부탁했다. 그의 몸짓과 어조로 보아 대화를 하려는 것이 아니라 싸움을 걸려는 것임을 알았지만 내 동료가 성경 봉독과 기도로 수업을 마무리하는 동안 그의 흥분이 가라앉길 바랐기 때문이다. 그러나 효과는 없었다.

내 동료가 아멘이라고 말함으로써 수업이 공식적으로 끝난 뒤 사내는 높은 탁자 맞은편에서 일어나 시뻘개진 얼굴로 나에게 소리를 지르기 시작했다. 그는 키가 나보다 머리 하나는 컸는데 눈을 똥그랗게 뜬 채 쫙 펼친 양손을 내 얼굴을 향해 흔들어 댔다. 그의 목소리는 열정적인 토론과 명백한 격분 사이를 왔다 갔다 했다.

나는 이 상황이 내가 생각하는 것처럼 터무니없는지 확인하기 위해 동료들의 얼굴을 쳐다봤다. "트레이번 마틴*은 무고한 피해자가 아니오!"라고 그는 외쳤다. 그러고 나서는 다른 참가자들이 **깡패** 하면 흑인이 연상된다고 고백한 포스트잇이 붙은 벽을 가리켰다. 그는 나를 가르치려 들었다. "흑인들은 그냥 일자리가 필요한 거요. 흑인 남자 실업률이 얼마인지 알고 있소?" 그가 똑같은 말을 하고 또

---

\* 2012년 플로리다에서 17세 흑인 소년 트레이번 마틴이 히스패닉인 조지 지머먼의 총에 맞아 사망했다. 지머먼은 비무장 상태인 마틴이 단지 수상해 보인다는 이유로 몸싸움을 벌이다 살해했고 경찰은 정당방위였다는 그의 주장을 받아들여 체포조차 하지 않았다. 이 사건이 전국적으로 유명해지면서 시위가 잇따르자 지머먼은 기소되었으나 결국 무죄 판결을 받았다.

하는 동안 나는 이게 도대체 나랑 무슨 상관인지 이해하려 애썼다. 알 수 있었던 건 지금 그의 분노의 대상이 나라는 사실뿐이었다. 휘둥그레진 동료들의 눈이 이렇게 말했다. "네, 어처구니가 없네요."

나는 나와 그 남자 사이에 놓인 탁자를 두 손으로 짚고 평정심을 찾으려 했다. 그의 목소리가 커지면 커질수록 내 목소리는 더욱더 낮췄다. 그러나 그 후로도 20분 동안 그는 나에게 화를 내면서 자기가 빈민가 흑인 남자에 대해 안다고 생각하는 모든 것을 나에게 가르치려 들었다. 그런데 내가 이미 그 주제에 대해 잘 알고 있음이 확실해지자 그는 방향을 틀었다. "여기 진짜 책임자가 누구요?" 마침내 이 난리의 진짜 원인이 밝혀졌다. 나의 무자격함이었다. 다른 사람, 다른 피부색을 가진 사람은 분명 그를 이해할 터였다.

이 질문에 화가 난 백인 남자 동료가 끼어들었다. "여기 책임자는 오스틴 씨입니다. 이 수업은 오스틴 선생님의 수업이에요. 하지만 오스틴 당신만 괜찮다면, 선생님, 저쪽에 가서 저랑 얘기 좀 하시겠어요?" 나는 그가 내게 허락을 구한 데 고마워하며 고개를 끄덕였다. 두 사람이 교실 반대편으로 걸어가는 동안 나는 사내가 퍼부은 공격으로부터 마음을 추슬렀다.

그런데 이 광경을 보고 있던 무리 중에 그의 아내가 있었다. 그녀는 체구가 작고 조용한 사람이었다. "죄송해요." 그녀가 내게 말했다. "남편이 늦게 와서 수업 소개랑 포스트잇 쓰기도 놓쳤고 토론도 반은 못 들었어요. 그런데 남편이 들어왔을 때 선생님이 트레이번 마틴 얘기를 하셨고 남편은 흑인 남자들에 대한 고정관념이 적힌 포스트잇을 본 거예요. 그거랑 이걸 잘못 연결하고는 혼자 화가 난 거죠."

뭐, 그래도 짜증 나긴 매한가지다. 그리고 슬프게도 흑인 여자가 백인의 무지와 싸워야 하는 상황은 너무 흔하다. 백인 남자들은 방어적으로 나에게 소리를 지르고, 질의응답 시간에 내가 하는 모든 말에 반박하고, 내가 존재하지 않는 것처럼 무시하고, 자기들의 모든 특권을 끌어모아 방패로 사용했다. 백인 여자들은 나를 완전히 깔아뭉개고, 울음을 터뜨리고, "예전에 나한테 이런 끔찍한 일이 있었는데"라며 옛날이야기를 하기 시작했다. 이런 갑작스러운 기분 변화와 공격성 밑에 감춰진 백인들의 진짜 속내는, 흑인이 감히 세상에 대해 백인을 가르치려 한다는 사실을 받아들일 수 없다는 것이다.

그날 나는 울었다. 내가 잘못한 것은 하나도 없었지만 백인 남자의 공격으로 인한 충격이 아직 가시지 않은 탓이었다. 나는 진정하라고 마인드컨트롤을 하면서 탁자를 짚었던 두 손을 떼어 가슴 위에 포갰다. 떨림을 멈추려는 힘없는 시도였다. 나는 그 남자가 스스로 전문가라고 생각하는 모든 것—흑인 남자, 빈민가, 범죄와 가난과 교육 문제를 해결하려 애쓰는 비영리단체—에 대해 그 남자보다 잘 알았다. 하지만 내가 피와 살, 감정을 가진 한 인간이라는 사실을 인정하는 대신 그는 이 모든 것을 무시하고 자기와 비슷한 외모를 가진 사람에게는 절대 하지 않았을 방식으로 나를 공격했다.

이는 백인의 연약함이 위험한 이유 중 하나다. 그것은 유색인의 개인성을 무시하고 백인의 기분을 세상에서 제일 중요한 것으로 간주한다. 그것은 학교와 워크숍에서,

이사회와 직원 회의에서, 이메일과 SNS에서 볼 수 있지만 다른 형태로도 존재한다. 만약 흑인들이 거리에서 죽어가고 있다면 우리는 그것을 경찰의 가혹 행위라고 명명하기 전에 백인들의 기분이 어떤지 물어봐야 한다. 만약 백인 가족 구성원이 인종차별적 발언을 한다면 우리는 그 발언을 규탄한다고 말하기 전에 그렇게 말한 할아버지의 기분을 고려해야 한다. 만약 어떤 조직에 차별적이고 해로운 정책이 있다면 우리는 그것을 시정하기 전에 백인들이 이런 변화를 기분 나쁘게 받아들이지는 않는지 확인해야 한다. 백인의 연약함은 백인성을 보호할 뿐 아니라 흑인들이 자력갱생할 수밖에 없게 만든다.

그 남자가 나에게 화를 낸 다음 날, 나는 직원 회의에 소환되었다. 당시 현장에 있었던 동료들이 흑인 백인 구분 없이 사건을 복기하기 시작했다. 그러나 내가 알아차리기도 전에 대화의 주제는 그 백인 남자의 기분, 그리고 그를 진정시켰을 법한 방법으로 바뀌어 있었다. 만약 내가 그와 함께 걸었더라면, 혹은 교실 안의 다른 장소로 이동했더라면. 만약 내가 다른 말투, 더 친근한 말투로 말했더라면. 만약 내가 깜짝 놀랄 만큼 뻔한 뭔가, 간단한 뭔가―그들이라면 했을 법한 뭔가―를 했더라면 그 남자는 어쩌면 나에게 덜 화내고 덜 위협적이었을지도 모른다고.

이 대화는 나의 안전, 나의 안정, 나의 권위에 대한 것이 아니었다. 나의 기분이 아닌 그 남자의 기분에 대한 것이었다. 내가 그 남자를 어떤 식으로 달래서 기분을 바꿨더라면 내가 안전했을 거라는 이야기였다.

나에게 소리를 지르거나 위협하는 사람은 아무도 없었다. 사실 그 자리에 있는 사람들은 다들 나에게 우호적인 이들이었지만, 이 대화의 밑바닥에 깔려 있는 것 또한 백인의 연약함이었다. 만약 그 남자가 백인 여자를 이런 식으로 대했다면 대화의 내용이 전혀 달랐을 거라고 나는 확신했다. 이 회의는 나를 응원하기 위한 것이 아니었다. 비판하기 위한 것이었다. 동료들이 나의 인내심을 어디까지 시험할 것인지 궁금해지기 시작할 찰나 누군가가 말했다. "잠깐만요. 성인이라면 자기 기분에 대한 책임은 자기가 져야 한다는 사실을 다들 망각하셨나 봐요. 그 사람의 행동은 어느 선생님에게 했어도 문제가 됐을 행동입니다.

오스틴은 아무 잘못이 없어요."

그러자 사람들은 의견을 철회하기 시작했고 마치 내가 자신들을 꾸짖기라도 한 양, 겁에 질린 표정으로 나를 쳐다봤다. 하지만 대화의 방향은 바뀌었다. '내가 어떻게 행동했어야 했는가'에서 '우리 조직이 어떻게 해야 나를 포함한 여자 선생님들을 보호할 수 있는가'에 관한 이야기로 흘러가기 시작했다. 자신감을 얻은 나는, 흑인 여성이 진행하는 인종 수업은 향후에도 비슷한 반응을 불러올 거라고 확언했다.

회의가 결국에는 발전적인 논의로 나아가서 다행이지만, 무의식적으로 백인의 기분을 중심에 놓기가 얼마나 쉬운지 다시 한 번 깨닫는 계기가 되었다. 백인의 연약함이 너무 자기중심적이고 도가 지나쳐서 소수 인종에게 끼치는 피해가 즉각적으로 드러나는 경우는 이 외에도 많다.

나는 시카고 웨스트사이드에서 1년 동안 단기 선교 사업에 종사한 적이 있다. 우리는 학생들을 흑인 동네에 데려가서 하나님이 흑인들을 통해 흑인 동네에 역사한 놀라운 현장들을 보여 줬다. 여름에는 매주 50여 명을, 나머지 기간 동안에는 그보다 적은 인원을 받았다. 흑인 동네에 한 번도 와 본 적이 없는 대부분의 백인 참가자들은 버스에서 내릴 때 좀 긴장하곤 했다. 하지만 대학생들로 이루어진 우리 직원들이 재빨리 그들의 마음을 풀어 줘서, 얼마 지나지 않아 그들은 도시를 어슬렁거리며 돌아다니거나 프로처럼 시카고 고가철도 L을 타고 내리면서 흑인 동네에 대해 배워 나갔다.

그러나 한 그룹은 흑인 동네에 대한 두려움을 극복하지 못했다. 혹은 프로그램 책임자인 오스틴이 백인 남자가 아니라는 사실을 극복하지 못한 것인지도 모르겠다.

나는 그 그룹을 처음 본 순간 뭔가 문제가 있음을 직감했다. 보통 아이들은 오랜 시간 좁은 차를 타고 왔기 때문에 버스에서 우르르 내려서 스트레칭을 한다. 그리고 밝은색 가방, 담요, 베개, 단체 티가 들썩거리는 데서 그들의 흥분을 느낄 수 있다. 하지만 이 그룹은 달랐다. 그들은 버스에서 내리지 않았다. 싸한 느낌마저 들었다. 잠시 후 우리 직원들이 그들을 어찌어찌 달래서 버스에서 내리게 한 다음, 개회 예배가 열리는 방으로 겨우 데려갔다.

원래 식순은 찬송가, 어색한 분위기를 없애기 위한 한담, 소개 말씀, 교회 투어, 이렇게 진행된다. 이 과정이 대개 한 시간 정도 걸리고 그다음에 내가 학부모들을 다른 방으로 데려가서 따로 오리엔테이션을 한다. 그런데 한담 중간에 청년부 목사가 내게 다가와 책임자 오스틴 씨와 얘기할 수 있냐고 물었다. 내가 오스틴이라고 말했더니 그녀의 눈이 휘둥그레졌다. 그녀는 아이들을 돌아봤다가 다시 나를 쳐다봤지만 여전히 눈은 휘둥그런 채였다. 그녀의 충격이 어색한 웃음으로 무마되지는 않을 것 같다는 예감이 들었다.

그녀가 마침내 입을 열었다. "아." 그녀는 아무런 질문도 하지 않았지만 나는 마치 질문을 받은 것처럼 대답했다. "제가 오스틴이고 이 프로그램 책임자입니다."

그녀가 한숨을 내쉬었다. "어디 가서 저랑 학부모님들이랑 말씀 좀 나눌 수 있을까요? 중요한 얘기예요."

나는 고개를 끄덕이고 나서 직원에게 그들을 학부모 오리엔테이션실로 데려가라고 지시했다. 시간이 필요했다. 그녀의 반응으로 보아 끔찍한 일이 일어날 것임을 알 수 있었다. 그리고 실제로 그렇게 됐다.

내가 방에 들어서자 학부모 여섯 명 모두가 나를 보고 똑같이 충격받은 표정을 지었다. 나는 마치 주문을 외듯 똑같은 말을 반복했다. "제가 오스틴이고 이 프로그램 책임자입니다." 그들은 흑인에 대한 공포에서 비롯된 질문 공격을 퍼부었다. 우선 누가 "진짜" 책임자인지 알고 싶다는 말로 시작했다. 마치 그 말을 하면 어디선가 백인이 짠 하고 나타나기라도 할 것처럼 말이다. 30분 후 그들의 마지막 질문은 그들이 흑인 깡패에게 살해당할 가능성이 얼마나 되냐는 것이었다. 이 질문들 뒤에 숨은 메시지는 분명했다. 우리 동네도, 흑인 여성인 나도 믿을 수 없다는 것이었다.

평상시 학부모 오리엔테이션의 마무리는 내가 우리 지역사회에서 일어나고 있는 놀라운 일들을 소개한 다음 그들을 위해 준비해 둔 비영리단체 방문 스케줄표를 나눠 주는 것이었다. 그러나 나는 이 그룹이 스케줄대로 행동할 거라고 믿지 않았다. 그래서 그들이 이 동네를 확연히 불편해한다는 점을 고려하여 다른 그룹과 함께 행동하도록 하겠다고, 원래는 4~5명이 한 팀인데 10~12명을 한 팀으로 만들겠다고 말했다. 그러려면 협력 단체의 책임자들과 얘기해서 바뀐 스케줄로 확정할 시간이 필요했지만 상관없었다.

학부모들은 팀 크기를 늘린다는 결정을 너무 환영한 나머지 막판에 스케줄이 바뀌는 것도 개의치 않았다. 그들이 몰랐던 점은, 나의 목적이 비영리단체들을 보호하는 것이었다는 사실이다. 나는 그들의 유해한 생각과 불쾌한 편견이 내가 사랑하는 단체들과 사람들 근처에도 가지 못하길 원했다. 그래서 원래 예정되었던 단체들 대신 대규모 노숙자 쉼터로 보내기로 했다. 그들이 좋아할 만한 강력한 종교적 기반을 가진 곳이었다. 그곳에서는 그들의 시간 대부분이 시설을 구경하는 데 소요돼서 실제 노숙자들과 대화할 시간은 거의 없을 터였다. 내 계획대로 쉼터를 방문한 그들은 대부분이 정말로 감동받아서 돌아왔다. 하지만 상황을 뒤집을 만큼은 아니었던 듯하다. 쉼터에서 돌아온 지 한 시간가량 지났을 때—일주일 일정 중에서 겨우 24시간이 지났을 때—청년부 목사가 그들이 떠나길 원한다고 알려 왔다. 흑인 동네에 대한 학부모들의 공포가 결국 이긴 것이다.

아이들이 짐을 싸는 동안 엄마들은 빈 회의실에서 우리 직원들을 만났다. 그들은 시선을 내리깐 채 울먹이면서 자신의 두려움을 고백했다. 그리고 자기 안의 인종주의를 깨닫게 해 줘서 고맙다고 말했다. 직원들은 참을성 있게 들었다. 하지만 그들이 용서할 마음이 들락 말락 할 때 학부모 중 한 명인 백인 남자가 방에 들어왔다. 그는 즉시 대화의 흐름을 바꿔 놨다. 그는 자기가 이 건물 앞에 도착하자마자 처음으로 한 일이, 지역 경찰서에 전화해서 여기가 백인들이 있어도 안전한 곳인지 물어보는 것이었다고 했다. 그러고는 버스에서 건물 입구까지 5미터를 자신들이 무사히 지나가게끔 경호할 "환영 인파"가 없어서 실망했다는 말도 덧붙였다. 그는 계속해서 불만을 늘어놓으면서 바로 50센티미터 앞에 앉아 있는 나를 "책임자"라고, 3인칭으로 지칭하기 시작했다. 아까 사과했던 학부모 한 명이 "오스틴 씨 말인가요?"라고 끼어들었다. 그러자 그는 "오스틴이 누굽니까?"라고 대꾸하더니 계속해서 "책임자"가 잘못한 것들을 나열했다.

그 순간 나는 인내심의 한계에 다다랐다. "자, 대화는 여기까집니다." 내가 말했다. "그만 가 주세요."

화가 머리끝까지 났다. 하지만 백인들을 상대하는 것이 내 일이라는 사실도 알고 있었다. 그들의 두려움을 없애 주기 위해 내가 어디까지 했어야 했나? 그 그룹은 어느 시점에, 단순히 성가신 사람들에서 우리 지역사회에 해로운 존재들로 변했나? 그들이 떠나지 않았다면 나는 어떻게 했을까? 우리 백인 직원들을 위해 나는 어떻게 했어야 했나? 그 그룹의 변화 가능성을 믿었어야 했나, 아니면 모두가 변화를 원하는 것은 아니라는 현실을 알려 줬어야 했나? 그리고 그 그룹의 인종차별적인 헛소리를 들어야 했던 흑인 직원들을 위해서는 어떻게 했어야 했나? 내 상사는 어떻게 생각할까? 이사회는 어떻게 생각할까? 이 사건은 우리 단체에 얼마나 손해를 끼칠까?

나는 임기응변으로 결정을 내렸지만 내 나름대로 최선을 다했다. 그러나 지금도 그때 24시간이나 기다렸어야 했나, 라는 의문이 든다. 첫 60분이 지났을 때 이미 피해는 충분했기 때문이다.

다행히 그 주에 우리가 받은 그룹은 그 사람들만이 아니었다. 며칠 후에 도착한 다른 팀은 자신의 편견을 마주할 준비가 완벽하게 되어 있었고 도시 텃밭, 쉼터, 그룹홈*, 무료 급식소에서 자원 봉사를 했다. 이 그룹은 앞 팀보다 백인의 비율이 더 높았지만 다들 배울 준비가 되어 있었다.

그 주가 끝나 갈 무렵 이 두 번째 그룹은 우리 직원들과 둘러앉아서 이번 경험에 대해 이야기를 나눴다. 그중 대여섯 명은 도시 텃밭이 있는 그룹홈에 막 다녀온 참이었다. 이들은 그날 텃밭에서 일하고 나서 그룹홈에 사는 소년들로부터 직접 재배한 채소를 요리하는 법을 배웠다. 그 이야기를 하던 도중에 한 여자아이가 말했다. "그 친구들하고 같이 일한 경험은 정말 좋았어요. 그런데 가장 큰 교훈은 그곳을 나온 뒤에 얻었어요." 그녀는 그들이 떠날 때

---

* 노숙자, 장애인, 가출 청소년 등이 자립할 수 있을 때까지 가족 같은 분위기에서 공동생활을 할 수 있도록 만든 시설.

마침 출근 시간이 된, 그룹홈에 사는 소년 몇 명이 같이 집을 나섰다고 했다.

그때 딸과 함께 프로그램에 참여한 그녀의 아빠가 딸에게 뒤돌아보라고 말했다. "네가 오늘 오후를 저 애들과 함께 보내지 않았다면 지금 저 애들을 보고 어떻게 생각했을 것 같니?"

그녀는 곧바로 속마음을 털어놓았다. "저는 그 애들의 피부색과 문신, 옷 입은 스타일, 껄렁거리는 모습을 보고 깡패라고 생각했을 거예요." 그녀는 잠시 말을 멈췄다가 이렇게 선언했다. "저는 오늘 제가 인종주의자일 수도 있다는 걸 깨달았어요."

그 말을 처음 꺼낸 사람은 그 애였지만 많은 학생들이 그곳에 머무는 동안 비슷한 경험을 했다. 그러나 그들의 고백은 나나 우리 직원들에게 부담스럽지 않았다. 왜냐하면 자신의 인종주의를 마주하는 책임을 오롯이 그들이 졌기 때문이다.

힘든 일주일이었지만 나는 백인의 연약함이 표출되는 것을 내가 막을 수는 없다는 사실을 배웠다. 두 팀이 보인 반응은 각자의 책임이었다. 한 팀은 백인의 연약함에 심취했고 다른 한 팀은 거기에 저항했다.

나는 이 일에 헌신하기 위해 백인들의 편협성과 진보성의 끝없는 돌림노래를 받아들이는 법을 배웠다. 힘든 날, 편협성이 나를 비난하고 공격하고 내가 이름 없는 존재인 것처럼 구는 날에는 이 일이 영혼과 인간성을 파괴하는 것 같다고 느낀다. 하지만 좋은 날에는 진보성, 개방성, 세계관마저 바꾸는 자발성을 목격한다. 그러면 잠시나마 우리가 정의를 향해 조금씩 나아가고 있다고 믿을 수 있다.

▸ CHAPTER 7 ◂

# 선량한

# 백인들

우리 일곱 명은 워크숍을 떠났다. 아침에 인종 구성이 다양한 대도시를 떠나 좀 더 조용하고 백인 비율이 높은 북쪽의 소도시로 향했다. 호텔 회의실에서 두어 시간 일한 뒤 우리는 밖으로 나와 휴식을 취하기로 했고 그래서 나머지 오전 시간은 배를 타며 보냈다. 이 얘기는 잠시 후에 다시 하겠지만 일단 나랑은 잘 안 맞았다고만 말해 두겠다.

배에서 내린 뒤에는 점심 식사를 하기 위해 항해를 테마로 꾸민 레스토랑에 가게 됐다.

음료가 나오길 기다리고 있는데 동료 한 명이 나에게 다가왔다. "괜찮아요?" 그녀가 물었다. 배 타기가 나 때문에 일찍 끝나서 그렇게 물어보는 줄 알았다. 나는 배를 타는 것에 익숙지 않았다. 물에 나가 있으니 파도가 출렁일 때마다 속이 같이 울렁거렸다. 다른 사람들은 다들 커다란 선글라스를 쓰고 벽에 기대선 채 갑판에서 웃고 떠들었지만 나는 심호흡을 하면서, 토하는 것과 선장에게 항구로 돌아가 달라고 말하는 것 중에 어느 게 더 창피한가를 저울질하고 있었다.

하지만 그녀의 질문은 그 뜻이 아니었다. "이 식당 안에 유색인이 당신뿐이라서 불편하지 않은가 하고요." 그녀는 몹시 걱정스러운 얼굴로 말했다.

그녀는 좋은 뜻으로 한 말이었고 나도 한편으로는 그 사실을 알아챈 그녀가 자랑스러웠다. 어떤 방에 들어갔을 때 그곳에 백인밖에 없음을 알아차린 것은 그녀에게 있어서 성장의 순간임에 틀림없었다. 하지만 솔직히 말하면 다른 한편으로는 그녀가 그 질문을 한 시점 때문에 당혹스러웠다. 그녀의 말은 사실이었다. 그날 그 식당에서 유색인은 나 혼자뿐이었다. 하지만 나는 이 도시까지 오는 버스 안에서도, 우리가 빌린 회의실에서도, 방금 내린 배에서도 유일한 유색인이었다. 그리고 우리가 다시 일터로 돌아가면 나는 또다시 그 방 안의 유일한 유색인일 때가 많을 것이었다.

나는 미소를 지으며 알아채 줘서 고맙다고, 하지만 괜찮다고 했다. 내가 그녀를 비롯한 동료들과 있을 때에도 늘 내 피부색을 의식하고 있음을 밝힌다면 그녀는 지나치게 큰 충격을 받을 터였다. 나는 그녀에게, 그녀의 백인성은 우리가 지금 있는 공간의 백인성과 근본적으로 다르지 않다고 말할 수도 있었다. 그랬다면 스스로의 선량함에 대한 그녀의 인식, 자기가 (식당 안에 유색인이 한 명도 없음을 알아차리는) '좋은 백인'이라는 인식은 위협을 받았을 것이다. 내 경험에 따르면 자기가 위험인물이 아니라고 믿는 백인들은 그 정체성이 의심받았을 때 위험인물로 돌변하는 경우가 많다.

이는 부분적으로는 대부분의 백인들이 여전히 자신은 좋은 사람이고 진정한 인종주의자는 겉으로 티가 난다고 믿기 때문이다. 진짜 인종주의자는 나를 채용하지도 않았을 것이고, 이 워크숍에 데려오지도 않았을 것이며, 이 공간에서 나를 제외한 전원이 백인이라는 사실을 알아차리지도 못했으리라는 것이다. 나의 동료들은 (그들 스스로 생각할 때) 인종주의자라기엔 너무 좋은 사람들이었다.

이 믿음이 어디에서 오는지는 모르겠지만 그것이 초래하는 결과는 아주 잘 알고 있다. 좋은 사람은 인종주의자일 수 없다고 믿는다면, 편견이란 매우 드문 것이고 **인종주의자**라는 딱지는 고약하고 의도적인 차별 행위에만 붙일 수 있다고 믿기 쉽다. 이러한 사고방식의 문제는—좋은 사람들이 작동하는 시스템과 구조 속에서 인종주의가 어떻게 작용하는지에 대한 엄청난 오해 외에도—그것이 나 또한 그들에게 솔직하게 행동하는 대신 상냥하게 굴라고 강요한다는 것이다. 인종주의자들과 더 가깝게 지내라고, 더 친절하게 대하라고, 응석을 다 받아 주라고 강요한다.

게다가 대부분의 백인이 착하고 순수하고 다정한데 단지 화났거나 겁먹었거나 무지한 것일 뿐이라면, 인종 간 긴장이 고조되었을 때 문제의 원인은 당연히 '나'라는 결론이 나온다. 내가 충분히 친절하지 않아서, 충분히 참을성이 없어서, 충분히 따듯하지 않아서다. 나는 백인의 마음, 백인의 기분, 백인의 필요를 충분히 이해하지 못하는 것이다. 내가 늘 내 고통을 통해, 포기한 동맹자들과 떠나버린 협력자들에 대한 실망감을 통해 백인들을 가르치고 싶지는 않다는 점은 중요하지 않다. "좋은 의도의" 질문들이 내 감정을 상하게 하고 백인만으로 구성된 위원회가 내린 결정이 나에게만 다른 영향을 미친다는 점은 중요하지 않다. 백인은 순수하고 선량하다는 이론이 내 기분과 상충하면 변화의 부담은 오롯이 내게 지워진다.

 이 선량론이 계획에 없던 인종차별적 비속어, 농담, 폭언 등으로 훼손되자 백인들은 자신들의 무고함을 주장하기 위한 또 다른 도구를 만들었다. 나는 그것을 '관계적 변호'라고 부른다. 그것은 대중매체에 늘 등장한다. 정부 관료, 교사, 목사, 단체장이 명백하게 인종차별적인 발언을 하는 영상이 공개된다. 하지만 사실대로 고백하고 변화를 모색하는 대신 그는 자신을 '잘 아는' 사람들과의 관계를 근거로 자신의 '선량함'을 주장한다.

> "저는 인종주의자가 아닙니다! ○○에게 물어보세요. 그분은 누구보다 저를 잘 압니다."
> "제 가족과 친구들은 제 진심을 알고 있습니다. 제가 인종주의자일 리 없다고 그들이 말해 줄 거예요.
> "저에게는 흑인 배우자/자식/친구가 있어요. 저는 절대 인종주의자가 아닙니다."

자기 홍보가 필요한 정치인이나 유명인만 관계적 변호를 사용하는 것은 아니며 백인들은 이 변호를 위해 자주 서로를 이용한다. 한번은 무료 급식소 소장이 자원 봉사자들에게 인종 다양성 수업을 해 달라고 부탁하면서 그 교육이 필요하다고 생각한 이유를 나에게 설명한 적이 있었다. 그녀는 한 헌신적인 봉사자(백인 여자)가 무료 급식소를 찾아온 나이 지긋한 흑인 여자와 언쟁을 벌였던 일화를 들려

췄다. 나는 그 사건을 직접 목격하지는 않았지만 그 이야기를 듣고도 놀라지 않았다. 소장은 봉사자가 깔보는 듯한 권위적인 말투를 사용해 가며 흑인 여자를 어린아이 다루듯 했음을 인정했다. 흑인 여자의 인내심은 곧 한계에 다다랐고 두 사람 사이에는 결국 고성이 오가게 되었다.

소장은 거기에서 곧바로 백인 봉사자의 반응에 대한 이야기로 넘어갔다. "흑인 여자가 떠난 뒤에 그녀는 제 사무실에 쳐들어와서 그 여자가 배은망덕하다고 소리를 질러 댔어요. 그러고는 일찍 집에 가고 싶다며, 흑인 여자가 깡패 친구들과 함께 돌아와서 총으로 자기 머리를 날려 버릴까 봐 두렵다고 했죠."

소장은 이렇게 요약했다. "그러니까 보시다시피 교육이 필요하긴 하지만 그 봉사자가 인종주의자는 아니에요. 제가 아는데 그 사람은 흑인 친구도 있거든요. 단지 **가난한** 흑인 친구가 없을 뿐이지. 그 사람의 문제는, 아마 다른 봉사자들도 마찬가지겠지만, 계급 특권의식이 있다는 거예요."

나는 이 '의도는 좋은' 소장을 한 번밖에 안 만나 봤기 때문에 그녀의 잘못된 이분법을 어떻게 지적해야 할지 몰랐다. 그녀의 이분법에 따르면 (흑인 친구들이 있다는 사실에서 알 수 있는) 좋은 사람은 인종주의자일 수도 없고 편견을 가질 수도 없었다. 그 사람이 이미 명백하게 인종차별적인 고정관념으로 흑인 여자를 비하했다는 사실은 상관없었다. 그 봉사자가 부유한 흑인들에게 친절하다면 그녀는 절대 인종주의자일 수 없었다.

백인들은 배타적이고 고립된 '백인 전용' 클럽 회원들만이 인종주의자라고 믿고 싶어 한다. 그래서 **인종주의자**라는 표현에 '선량한 백인들'이 그렇게 화를 내는 것이다. 그것은 스스로 좋은 사람이라고 믿는 그들의 자의식을 위협한다. 유감스럽게도 대부분의 백인들은 자신들의 행동이 실제로 인종차별적인지 혹은 해로운지보다 자기가 인종차별주의자라고 불리는 것을 더 걱정한다.

그러나 실제로는 KKK, 사적 흑인 처형자나 흑인 교회 폭파범 같은 괴물들에게도 친구와 가족은 있었다. 그들이 착한 사람이라고 증언할 이들이 있었다. 그들을 사랑한 가족, 저녁 식사에 초대한 친구들, 그들과 예배 뒤에 한담을 나누곤 했던 목사들도 있었다. 괴물은 늘 옷을 잘 차려입었고 사람들에게 사랑받았다.

내가 볼 때 백인들은 우리 유색인들도 그들을 안다는 사실을 정말로 믿고 싶지 않은 것 같다. 그들은 유색인과 친밀하다는 사실이 자신을 무죄로 만들어 준다고 믿고 싶어 한다. 만약 그들이 유색인에게 미소를 지어 보였다면, 유색인을 고용했다면, 유색인 작가가 쓴 책을 읽었다면, 유색인과 결혼하거나 유색인 아이를 입양했다면, 우리가 그들의 정신에 숨겨진 혹은 마음에 새겨진 추악한 인종주의를 느끼지 못할 거라고 생각한다. 우리가 불편을 느끼거나, 그들의 무지를 알아채거나, 그들이 인종과 우리의 피부색과 우리의 존재를 어떻게 생각하는지 파악하지 못할 거라고 믿고 싶어 한다. 그러나 우리는 그들을 안다. 그들이 인종주의자임을 안다.

백인의 무고함을 믿는 사람과 인종에 관한 대화를 하다 보면 안개 속을 걷는 듯한 기분이 들 때가 많다. 백인의 무고함을 믿는 사람은 대개 제대로 된 논의를 할 만한 기본 지식이 없기 때문이다. 그들은 그에 관한 책을 읽거나 수업을 들어 본 적이 없다. 그들은 인종 관련 어휘에 익숙하지 않으며 그 단어들에 특별한 의미가 있음을 알지 못한다. 미국 인종사와 인종 현황에 대한 이해 역시 결여되어 있다. 그럼에도 불구하고 자신들의 독선, 우월을 재천명해야 한다고 확신한다.

백인들은 인종에 관한 대화를 논쟁으로 바꿔 놓은 뒤에 유색인들이 거기에 참여하지 않으면 화내거나 멸시하는 것으로 악명 높다. 그들은 유색인들이 평소 인종 문제에 대해 깊이 생각하지 않았거나 자신들의 날카로운 지적에 당황했기 때문에 일부러 피하는 거라고 믿는다. 하지만 실제로는 유색인들이, 진정한 토론이 가능할 만큼 백인을 가르칠 시간도, 기력도, 의지도 없는 경우가 많다. 엄청난 양의 노동이 될 것이기 때문이다.

게다가 어쩌다 생산적인 대화가 이뤄진다 해도 흑인들은 여전히 '백인의 연약함'의 사촌인 '백인의 죄책감'이 어디선가 등장하지 않나 경계해야 한다.

나는 더 이상 백인의 죄책감에 관심이 없다. 예전에는 그것이 변화의 징조라고, 어떤 영화나 프로그램 혹은 연사가 그들에게 깨우침을 주고 그들의 생각을 변화시켰다는 신호라고 생각했었다. 실제로는 그럴 수도 있고 안 그럴 수도 있지만, 그 신호를 받는 사람 입장에서 백인의 죄책감이란 온몸에 타르가 말라붙은 것과 같다. 타르를 벗겨 내고, 끈적이는 걸 박박 닦고, 냄새를 제거하는 것은 너무나 큰 일이다. 자신의 죄악감에 취한 백인들은 죄책감을 덜기 위해 상대를 찾아 헤매다가 애먼 흑인에게 상대방이 청하지도 않은 고백을 퍼붓곤 한다.

나는 그런 일을 마틴 루서 킹 목사의 날에 교회에서 경험한 적이 있다. 그날 내 친구 제니와 나는 상코파에서 쌓은 우리의 우정 이야기를 교회 무대에서 들려줬다. 우리 두 사람의 개인적인 이야기도 어느 정도 섞고 마지막에는 상코파의 버스 안에서 오갔던 대화도 인용했다. 회중이 우리와 함께 버스에 앉아 있는 듯한 기분을 느끼고 우리가 경험한 것을 경험했으면 해서 스크린에 사진도 띄웠다. 내가 처음으로 깜둥이라는 말을 들었을 때, 실망스러웠던 플랜테이션 농장 투어, 사적 흑인 처형 박물관에서 맛본 공포 등에 대해 이야기했다. 그리고 그것은 효과가 있었다.

어떤 면에서는.

무대에서 내려왔더니 자기가 인종차별 했던 경험을 고백하려는 백인들이 줄을 서서 기다리고 있었다. 30대로 보이는 남자. "제가 깜둥이라는 욕을 했던 게 너무 부끄러워요." 20대 초반의 백인 여자. "저희 부모님은 제가 흑인 남자랑 데이트한다고 하면 절대 반대하실 거예요. 그 생각이 방금 떠올랐어요." 마흔 살 정도 된 여자는 자기가 교회의 흑인 집사들과 시간을 함께 보낸 것은 자랑스럽지만 "회사에서 자주 뒷담화를 당하는 인도인 여자가 있는데 제가 한 번도 그 사람 편을 안 들어 줬어요"라고 말했다.

계속해서 고백이 이어졌지만 그중에 내 영혼을 치유하는 것은 하나도 없었다. 회중은 우리 이야기에 감동받았음이 분명했다. 그들은 자신의 인생을 되돌아보고 있었다. 그러나 고백자들의 인생에서는 사소한 사건에 불과한 이 혐오의 일화들은 인종차별이 얼마나 일상적으로 일어나는지를 상기시켜 줬다.

나는 30분 정도 이야기를 듣고 있다가 제니를 찾으러 갔다. "너한테 고백한 사람도 있니?" 내가 물었다.

"아니." 그녀가 대답했다. "한 명도 없었어." 하지만 고백을 들은 사람이 나 혼자는 아니었다. 그날 무대에 올라간 사람 중에서 제일 중요한 인물이었던 흑인 여자 집사 역시 사방에서 고백을 듣고 있었다. 자기가 과거에 인종차별에 참여했던 데 대한 죄책감을 덜려고 하는 백인 신도들 때문에 흑인 여자들은 이런 이야기 공격을 참아야만 했다. 그들의 고백이 듣는 사람에게 어떤 영향을 주는지에 대해 생각하는 듯한 사람은 한 명도 없었다.

찰스턴 총격 사건* 몇 달 후에 내가 사우스캐롤라이나주에서 열린 컨퍼런스에서 강연을 했을 때도 똑같은 일이 있었다. 청중은 대부분 백인이었는데 아직까지 총격 사건의 그림자가 사람들의 마음속에 드리워 있었다.

내 강연은 아주 반응이 좋았다. 청중은 정확한 곳에서 울고 웃었다. 정확히 내가 의도한 곳에서 "아멘" 또는 "암, 암" 하고 말했다. 하지만 강연이 끝나자 고백이 시작됐다.

---

\* 2015년 사우스캐롤라이나주 찰스턴에 위치한 이매뉴얼 아프리칸 감리교회에서 백인 인종주의자가 총기를 난사해 흑인 아홉 명이 사망한 사건.

컨퍼런스의 마지막 이틀 동안 나는 인종주의자 부모님과 함께한 명절 저녁 파티, 아메리카남부연합 깃발이 장식된 집들, 모두가 모두를 친절하게 대하면 인종차별이 사라질 거라고 생각하는 수동적인 목사들 이야기를 원 없이 들었다. 이 고백 중에 나와 관계있는 것은 하나도 없었다. 내 말을 듣지 않은 것, 내게 무례하게 군 것, 나를 부당하게 비난한 것을 사과하는 사람은 아무도 없었다. 하지만 이 모든 고백을 듣고 나서 보니 마치 나와 상관있는 이야기처럼 느껴졌다. 인종차별적인 농담이 오가는데도 고백자가 가만있었던 식사 자리에 내가 앉아 있는 것 같고, 남부연합 깃발이 장식되어 있지만 아무도 개의치 않는 집에 내가 있는 것 같았다. 왜냐하면 모든 고백자들이 나를, 그 상황에서 피해를 입은 실제 인물의 대리인 취급했기 때문이었다. 그렇게 나는 내가 경험하지 않은 순간들의 무게와 함께 남겨졌다. 그리고 그들은 나에게서 용서를 바랐다.

하지만 나는 백인들의 영혼을 위한 사제가 아니다.

내가 피로해질수록 나는 이 유해하고 고통스러운 이야기들―백인들이 내가 줄 수 없는 용서를 바라는―로부터 거리를 두어야 할 필요성을 느낀다. 그들은 내가 "괜찮아요"라고 하면서 간편한 변명거리를 만들어 주길 원한다. 어려서, 무지해서, 순수해서. 뭐가 됐든 그들의 마음을 편하게 만들어 줄 핑계. 백인들은 '화해'가 '그들의 인종차별적 죄를 흑인에게 용서받는 것'이길 정말로 바란다. 하지만 내가 백인의 변화를 책임질 수 없듯 그들의 영혼에 위안을 줄 수도 없다.

그래서 나는 더 이상 그런 고백을 받지 않는다. 요즘은 누가 인종주의자 삼촌 얘기를 하거나 자기가 깜둥이라는 말을 쓴 적이 있다고 고백하면 나는 한 가지 도발을 던진다. 대부분의 고백자에게는 이렇게 묻는 것만으로 충분하다. "그래서 앞으로는 뭘 예전과 다르게 하실 건데요?" 이 질문은 내 어깨에 놓인 짐을 덜어 준다. 그리고 한 걸음 더 나아가라고, 고백했다는 것으로 만족하지 말라고 고백자를 압박한다. 물론 그 사람이 갑자기 변명을 늘어놓을 수도 있지만 그 시점에 결정의 무게는 내가 아니라 그에게 넘어가게 된다.

나는 컨퍼런스 기획자로부터 진심 어린 사과를 받아

본 적이 있다. 그녀는 유색인 여성 연사보다 백인 여성 연사를 의도적으로 우대한 데 죄책감을 느꼈다. 그래서 당시에 자신이 무슨 생각으로 그랬는지, 지금 되돌아보니 무슨 생각이 드는지, 컨퍼런스 기획자로서 힘든 점이 무엇인지에 대해 이야기했다. 나는 구미가 당겼다. 그녀의 고백에 대해서가 아니라 그녀의 달라진 마음이 앞으로 그녀가 주관하는 컨퍼런스에 가져올지도 모를 변화에 대해서였다.

그래서 그녀의 사과를 받아들이고 그냥 컴퓨터를 끄는 대신 향후에 어떻게 하면 그런 결정이 방지될 수 있을지 생각해 보라는 답장을 보냈다. 몇 가지 제안도 했다. "다음번에는 유색인에게 강연 시간을 더 많이 주거나 최고의 강연료를 줌으로써 하나의 사회적 발언을 할 수도 있겠죠. 그렇게 하면 인종과 정의에 대해 논해야 하는 감정노동, 그들의 가치, 전문성을 인정하는 것도 되고요." 내 제안이 하나라도 실현될지는 알 수 없다. 하지만 이런 제안을 하기 위해 상상하는 과정은 즐거웠다. 내 제안이 실현되는지 안 되는지는 내 책임이 아니다. 내가 짊어져야 할 짐이 아니다. 자기가 한 고백의 무게, 자신의 잘못을 벌충하는 데 무엇이 필요한지 결정할 사람은 그녀다. 나는 기꺼이 그것을 그녀와 성령 사이의 일로 남겨 두었다.

> CHAPTER 8 ‹

# 우리가 하는
## 이야기

비교적 최근에 새 직장에서 주최하는 인종 다양성 프로그램에 참가했을 때의 일이다. 우리 팀은 거의 파란색에 가까운 형광등 불빛 아래서 접의자에 털퍼덕 앉았다. 사흘 일정의 워크숍에서 중반 무렵이었고 어떤 과제 때문에 우리 팀 백인 여자들의 감정이 다소 격해져 있었다. 도우미들은 우리가 토론을 하게끔 유도하려 했지만 우리는 그들에게 간단명료하게 대꾸하고 나서 도우미들이 싫어하는 침묵의 워크숍에 들어갔다. 너무 따듯하고 편안해서 영원히 지속될 수도 있을 것 같은 침묵 말이다. 그때 그 일이 일어났다.

    백인 여자의 떨리는 목소리가 우리의 침묵을 깨뜨렸다. "믿기지가 않아요. 받아들이기가 너무 힘들어요. 저는 전혀 몰랐거든요." 숨 들이쉬는 소리. "그냥 믿을 수가 없네요. 왜 아무도 이걸 가르쳐 주지 않았죠? 기만당한, 사기당한 기분이에요. 정말로요." 숨 들이쉬는 소리. "미친 소리처럼 들릴 거예요. 미친 소리처럼 들린다는 거 알지만 저는 노예제도가 고의적으로 만들어진 줄 정말 몰랐어요. 일부러 그랬다니요." 숨 들이쉬는 소리. "모르겠어요. 저는 그냥 그게…… 우연히 그렇게 됐다고 생각했어요." 숨 들이쉬는 소리. 그녀가 난생처음 우리 나라의 진짜 역사와 씨름하는 동안 훌쩍이는 소리는 방 전체로 퍼져 나갔다.

    노예제도는 우연이 아니었다.

    우리가 어쩌다 넘어져서 흑인 노예화라는 구덩이에 **빠졌던** 게 아니다.

인종주의는 질 나쁜 농담이 아니었고 아직도 사라지지 않았다.

모든 것이 고의였다.

하나하나가 전부 고의였다.

노예제도나 월등히 높은 흑인 수감률 같은 인종 부정의(不正義, injustice)는 의도적인 발명품이지만, 이 나라의 통념은 어쩌다 이렇게 됐는지를 이해하려 하는 대신 위안을 주는 신화, 이리저리 짜 맞춘 연표, 식민지 시대의 이상(理想)으로 여전히 채워져 있다. 많은 미국인들은, 워크숍에서 흐느꼈던 여자처럼, 미국의 인종사에 대한 무지 속에서 편안하게 살려고 한다.

우리는 아직 아프리카에서 납치되어 쇠고랑을 찬 채 철창에 갇혔던 사람이 몇 명이나 되는지 철저하게 조사해 본 적이 없다. 중간 항로와 관련된, 끔찍하고 폭력적인 집단 납치에 대해 제대로 생각해 본 적이 없다. 온 국민이 공모한 범죄—남부가 노예를 부려서 축적한 부, 북부가 노예들이 생산한 공산품으로 축적한 부—에 대해 솔직하게 이야기해 본 적이 없다. 노예를 소유함으로써 얻을 수 있었던 사회적 지위를 완전히 이해해 본 적이 없다. 몇 세대에 걸쳐 노예로 태어나 노예로 죽은, 미국 땅에서 한 번도 자유를 맛보지 못한 이들의 인간성, 감정, 정서를 마주해 본 적이 없다.

남북전쟁 역시 마찬가지다. 우리는 그토록 많은 사람들이 타인의 자유를 제 손에서 뺏기기 싫어서 목숨 걸고 참전까지 했다는 사실을 직시해 본 적이 없다. 노예제도의 역할을 인정하기보다는 주권(州權)\*이라는 훨씬 더 무해해 보이는 용어에 모든 것을 떠넘겼다. 노예제도 철폐에 대한 반발이 너무나 거세서 흑인 차별 정책의 등장이 불가피한 일이었음을 고백한 적이 없다. 그리고 흑인의 열등성에 대한 믿음은 오늘날까지도 많은 이들의 머릿속과 마음속에 살아 있다.

우리는 흑인 차별 정책의 100년 역사가 단지 고약한 표지판, 백인과 흑인이 같은 급수대에서 물을 마실 수 없

---

\* 주정부가 갖는 권리. 미국 헌법에 따르면 연방정부에 위임된 권리와 주정부에 금지된 권리를 제외한 모든 권리는 주정부에 있다.

다는 불편에 불과한 것처럼 윤색했다. 그러나 그 팻말들은 단순히 '고약하기만' 했던 게 아니다. 그것은 언제든 백인에게 당할 수 있는 멸시와 폭력을 항시 상기시키는 물건이었다. 흑인 차별 정책은 내가 누릴 수 없는 공공 서비스를 위해 세금을 내는 것, 낮은 임금을 받고 일하는 것, 내 소유물을 언제든 빼앗길 수 있는 것을 의미했다. 많은 흑인 가족들에게 그것은 영원히 부를 쌓지 못하는 것, 불의를 당해도 영원히 법에 호소할 수 없는 것을 뜻했다. 집단 폭행, 주택 방화, 교회 및 상점 폭파, 하루가 멀다 하고 목매달린 흑인들. 흑인 차별 정책은 삶의 구석구석에 스며 있었다.

공민권운동조차도 백인들에 의해 검열되었다. 승리만 강조되고 투쟁은 지워졌다. 우리는 흑인들에게 가해졌던 침 뱉기, 고함질, 잡아끌기, 곤봉, 맹견, 폭탄, 총, 분노와 독설을 제대로 마주한 적이 없다. 승리 이전에 빈번히 일어났던 유혈 사태를 인정한 적이 없다. 마틴 루서 킹 목사와 시위자들이 행진에서, 거부 운동에서, 유치장에서 견뎠던 공포보다는 그의 아름다운 말에만 주목했다. 흑인들이 요구한 시민권—식당 의자에 앉기에서부터 흑백 합반, 투표권, 정치 참여에 이르기까지—을 하나도 주지 않기 위해 백인들이 수십 년 동안 싸웠다는 사실을 아직도 인정하기 싫어한다.

우리는 시위 팻말과 몽둥이를 들고 돌아다니던 백인들, 살수차로 물대포를 쏘던 백인들, 시위를 규탄하는 사설을 쓰고 변화에 반대하는 설교를 하던 백인들이 그냥 사라진 척하고 싶어 한다. 킹 목사가 "나는 꿈이 있습니다"라고 외친 순간 그들이 설득돼서 달라진 척하고 싶어 한다. 우리는 흑인 차별 정책을 경험했던 흑인들이 아직 살아 있듯 그것을 격렬하게 수호했던—흑인 동네 주위에 빨간 선을 긋고 평범한 백인에게 주어지는 복지를 흑인에게서 박탈했던—백인들도 아직 살아 있음을 인정하고 싶어 하지 않는다. 백인들이 여전히 흑인 동네를 피하고, 흑인이 과반수인 학교에 자식을 보내기 싫어하고, 인종 분리제를 철폐하고 싶어 하지 않는다는 사실을 무시한다.

미국은 흑인들이 노예제도에서 해방됐을 때 흑인의 열등성이라는 사상을 폐기할 수도 있었다. 그러나 백인들은 다른 인간 집단을 지배한다는 생각에 취해서 깨어날 준비가 되어 있지 않았다. 자기 주변의 아무 흑인이나 통제하고 모욕하고 폭행하고서도 아무런 처벌도 받지 않을 권리를 포기할 준비가 되어 있지 않았다.

우리가 아직까지도 미국의 인종사에 대해 사실대로 말하지 않는 이유는, 이 나라의 역사를 체계적으로 기술하게 되면 미국이 폭력적이고 가학적이고 착취적이고 비도덕적인 백인 우월주의—흑인들에 대한 절대적 지배를 추구하는—라는 범죄를 저질렀다는 사실이 마침내 밝혀지기 때문이다. 그렇게 되면 백인 우월주의에 대해 모종의 조치를 취해야 할 것이다.

우리가 마침내 모든 점을 연결하기로 결심하려면 얼마나 걸릴까? 주택, 교육, 보건, 형사처벌 등의 시스템에 굳게 뿌리박은 인종주의의 역사를 고백하려면 얼마나 걸릴까? 뿌리까지 철저하게 파고들려면 얼마나 걸릴까?

왜냐하면 오직 진실만이 우리를 자유롭게 하기 때문이다.

그러나 유감스럽게도 교회에는 이 말을 믿지 않는 것

처럼 사는 사람이 너무나 많다. 우리는 과거를 인정하면 부정의의 사슬이 끊어지는 게 아니라 더 죄어들까 봐 두려운 것처럼 산다. 사망의 음침한 골짜기를 지날 때 과거의 망령이 우리의 다리를 낚아챌 것처럼 산다. 그래서 우리는 골짜기 주위를 걷고, 골짜기 주위를 이야기한다. 골짜기에 대해 말할 때는 귀여운 완곡어법을 사용한다.

"이 나라는 너무나 분열되어 있어요."
"우리가 다양성을 좀 더 잘 실현한다면 삶이 훨씬 나아질 거예요."
"우리는 지금 문화적 변화를 겪고 있는 중이에요."

인종 부정의를 무너뜨릴 유일한 가능성은, 우리의 안위를 걱정하는 대신 인종 부정의의 기원에 좀 더 관심을 갖는 데 있다. 물론 그것은 누구에게도 편한 대화는 아니다. 위험하고 지저분하다. 우리가 과거에 지은 죄를 되돌아보는 것은 힘든 일이다. 그러나 어차피 이것이 우리가 부름받은 일 아닌가? 진실을 밝히고 변화를 촉구하는 것이 성령의 일 아닌가?

그것은 힘들다. 하지만 성스럽다.

오늘 우리가 이 대화에 함축된 모든 고통을 느끼면서 인종에 대해 이야기할 때 성령은 임재한다. 이 말이 대화가 고통스럽지 않다거나 사적이지 않다거나 감정이 북받치지 않는다는 뜻은 아니다. 우리가 해낼 수 있다는 뜻이다. 우리는 노예제도, 죄수 대여\*, 토지 몰수, 강제 추방, 차별, 배제에 대해 솔직한 이야기를 나눌 수 있다. 유색인에게 특히 불리하게 작용하는 게리맨더링\*\*, 투표 억제\*\*\*, 형법, 정책과 같은 해로운 정치를 구분할 수 있다. 그리고 인종 분리와 백인 이주♦의 역사, 지도부 전원 백인 효과, 인종 간 임금 및 승진 차별과 같은, 백인들의 체계화된 행위를 폭로할

---

\* 미국 남부에서 주정부가 죄수들의 노동력을 외부에 제공하고 그 대가를 대신 받아 챙겼던 제도. 죄수 대부분이 흑인이었다는 점에서 변형된 노예제도라 할 수 있다.
\*\* 자기 당에 유리하게 선거구를 획정하는 것.
\*\*\* 옛날에는 비싼 수수료 청구나 문맹 테스트, 요즘은 유색인 밀집 지역의 투표소 줄이기와 같은 방법으로 유색인의 투표를 방해하는 것.
♦ 시내에 유색인 인구가 증가함에 따라 백인들이 교외로 이주하는 현상.

수 있다. 우리는 탄식하거나 개탄할 수 있다. 화내거나 분노할 수도 있다. 혹은 솔직해질 수도 있다. 진실을 이야기할 수도 있다. 성령이 임재한다고 믿을 수도 있다. 아니, 믿어야 한다.

우리가 어떻게 해서 여기에 이르게 됐는지를 솔직히 말해야만 새로운 방식을 상상하기 시작할 수 있기 때문이다.

### CHAPTER 9

## 창의적

## 분노

아마 20세기 최고의 수필가일 제임스 볼드윈은 1961년 공개 토론에서 다음과 같이 말했다.

> 이 나라에서 검둥이로 살면서 상대적으로 의식이 깨어 있다는 것은 거의 항상 분노에 차 있다는 것을 뜻한다. 따라서 첫 번째 문제는 '그 분노에 파괴되지 않으려면 어

떻게 다스려야 하는가'다. 분노의 원인 중 하나는, 그런 일이 나에게만 일어나는 것이 아니라 내 주위의 모든 사람에게 매일 일어나고 있다는 사실이다. 더군다나 가장 놀랍고도 범죄적인 무관심, 즉 이 나라 백인 대부분의 무관심과 무지 앞에서.

볼드윈의 말은 거짓이 아니었다. 나는 분노와 아주 친밀한 사이가 되었다.

내가 다니는 회사나 비영리단체에 중간 관리직 위로는 흑인이 한 명도 없는데 우리가 마음만 먹으면 뭐든 할 수 있다는 말을 듣는 것은 분노를 유발한다. 회사에 지각했을 때, 점심을 혼자 먹을 때, 상처받았거나 화났다는 의사 표시를 할 때 내 피부색 때문에 백인들과 다른 비난을 듣는 것은 분노를 유발한다. 나는 체격, 헤어스타일, 피부톤, 목소리, 관심사, 이름, 성격이 다름에도 불구하고 다른 흑인 여자로 오인당한다. 혹은 건방지고 무례하고 통제 불능이고 미성숙하고 나 자신으로부터 (백인에 의해) 보호받아야 하는, 흑인에 대한 부정적 고정관념의 집합체 취급을 받는다.

이런 모욕은 집에까지 따라온다. 우리가 신문을 펼치거나 텔레비전을 켰을 때. 테니스 선수 세리나 윌리엄스의 몸이 동물 같다는 역겨운 언급.「뉴욕 타임스」가 배우 비올라 데이비스는 "고전적 미인"은 아니라는 기사를 실었을 때와 같이 흑인의 열등성 강화하기. 언론은 흑인 여성을 헐뜯을 기회가 주어지면 기뻐하는 모습을 자주 보이기 때문에 조심하지 않으면 이런 공격들이 우리의 자존감을 갉아먹을 수 있다. 하지만 이런 말을 듣는 것 정도는 최악의 사례가 아니다. 통계와 생활수준을 살펴보면 수십 년간 지속되어 온 수많은 인종 간 차이를 발견할 수 있다. 임금, 주택 소유 여부, 직장 접근성, 보건의료, 경찰의 대우 등등 목록은 끝이 없다. 우리에게 이것은 단순한 통계가 아니다. 우리와 우리의 엄마들, 자매들, 친구들과 이웃들에게는 현실이다.

한편 백인들은 몰라서 그런 척 얄팍한 사과나 던지며 장난질한다. 인종 다양성 추구는 지나가는 유행처럼 취급된다. 모두가 똑같은 위험과 보상을 떠맡는 화기애애한 팀

프로젝트 취급을 받는다. 백인들의 마음속에서는 어중간한 노력만으로도 충분하다. 왜냐하면 현재 상태도 괜찮기 때문이다. 그것은 노예제도보다 낫고, 흑인 차별 정책보다 낫다. 흑인들이 이 이상 뭘 바랄 수 있단 말인가? 공공연히 백인의 뜻에 따라야 하는 것만 아니면 됐지. "그 이상 뭐가 있나?" 백인의 순수함은 이렇게 묻고는 우리가 감히 그 질문의 진실성에 의문을 제기할까 봐 눈물을 터뜨린다.

백인을 위해 만들어진 세상에 살면서 차분함을 유지하기란 힘들다.

자신이 어떤 무리의 일원이라고 생각하길 완강히 거부하는 백인은 여럿 만나 봤지만, 내가 흑인 공동체의 일원이라는 정체성을 부인하는 것은 상상할 수도 없다. 나는 단지 인종적, 문화적 배경을 공유한다는 이유만으로 이 사람들에게 연대감, 책임감, 자부심, 소속감, 동질감을 느낀다.

경찰에게 자동차 검문을 당하는 흑인을 지나칠 때면 나는 그가 무고할까 생각한다. 이런 일이 그에게 얼마나 자주 일어날까 생각하고, 그에게 도움이 필요할까 생각한다. 경찰이 죄 있는 사람만 검문한다고 믿었던 어린 시절에도 나는 이렇게 생각하곤 했다. **젠장! 저 흑인은 왜 검문을 당하는 거야?** 자랑스러운 얘기는 아니다. 하지만 이 일화는 내가 수치심을 느낄 때조차도 내가 알지도 못하고 앞으로도 만날 일 없는 사람들에게, 단지 그 사람이 흑인이라는 이유만으로, 동질감을 느꼈음을 말해 준다.

우리가 상을 타면 나는 뭔가를 느낀다.
우리가 승진을 하면 나는 뭔가를 느낀다.
우리가 장벽을 넘으면 나는 뭔가를 느낀다.

하지만 나는 우리가 길거리에서 죽어 갈 때에도 뭔가를 느낀다. 백인 여자들이 우리를 흉내 내며 우리의 외모를 조롱할 때에도. 페미니즘이 백인들의 요구에 한정될 때에도. 흑인성이 그걸 만든 사람들은 지워 버린 채 상업적으로 이용될 때에도.

나는 뭔가를 느낀다. 백인 여자가 셔츠와 치마 안에 패드를 집어넣어 세리나 윌리엄스의 몸매를 조롱할 때에도. 영부인 미셸 오바마가 원숭이라고 불릴 때에도. 단지 흑인이라는 이유로 찰스턴 교회에서 아홉 명이 살해당할 때에도.

나는 분노를 느낀다.

더 화나는 사실은, 내가 분노를 표현하는 것이 허용되는 경우가 거의 없다는 점이다. 내가 흑인이기 때문에 내 분노는 위험하고 폭발적이고 부적절한 것으로 간주된다. 내가 여자이기 때문에 내 분노는 나에게 감정적인 문제가 있다는 뜻이거나 내가 이성을 찾으면 곧바로 사라질 일시적 상태로 치부된다. 내가 기독교인이기 때문에 내 분노는 성격상의 결함이자 내가 얼마나 예수님에게서 멀어졌는지를 보여 주는 증거로 간주된다. 진정한 기독교인은 친절하고 다정하며 관대하다. 분노는 여기에 해당되지 않는다.

이런 해석이 터무니없음을 잘 알지만 내가 조금만 분노를 내비쳐도 나오는 이런 반응들을 상대하다 보니 점점 입을 다물게 되었다. 학창 시절의 대담함은 상사, 인사고과, 복리후생, 오히려 더 많은 것을 기대했던 우리 교회에서 돌아온 반발 앞에서 눈 녹듯이 사라졌다.

화가 날 때는 내가 **그 흑인 여자**이기를 바랐다. 다들 잘 아는 그 여자. 껌을 짝짝 씹는. 화나면 한 마디 한 마디 말할 때마다 박수를 치는. 눈알을 뒤룩뒤룩 굴리는. 항상 자기 생각을 말하는. "우선 첫째로……"로 문장을 시작해서 상대방이 하지 않으려는 일들을 나열하는. 그녀가 화낼까 봐 백인들이 두려워하는 그 흑인 여자가 되고 싶었다.

하지만 나는 그 흑인 여자가 아니었다. 그 자리에서 바로 분노를 표출하고 싶었지만 온순한 천성이 허락지 않았다.

나는 백인이 자신과 함께 있길 거부하면 진심으로 당황했던 소설가 조라 닐 허스턴이 되고 싶었다. 자신의 흑인으로서의 아름다움을 과소평가하는 사람은 즉시 쳐다봤던 가수 니나 시몬이 되고 싶었다. 지적이고 대담하고, 이 사회가 흑인을 대우하는 방식에 대해 권력자들에게 진실을 말했던 정치운동가 앤절라 데이비스가 되고 싶었다.

온순한 나만 아니면 누구든 좋았다.

그래서 내 분노는 속에서만 부글부글 끓었고 정신을 차려 보면 또다시 던바의 시 속으로 되돌아가 있었다. **오스틴은 미소 짓고 거짓말하는 가면을 쓴다.**

나는 사람들이 받아들일 법한, 분노 이외의 감정들—고통, 실망, 슬픔—을 전하려고 노력하곤 했다. 소매를 걷어붙여 손목의 흉터를 보여 주고 내 속을 열어 보여서 나의 피가 청자들의 마음을 움직이길 바랐다. 내가 볼드윈의 충고를 따르고 있다고, 내 분노에 파괴되지 않기 위해 애쓰고 있다고 믿었다. 그러나 나는 내 분노의 밑바닥에 닿은 것이 아니라 그것을 부인하고 감추고 있었을 뿐이었다. 나는 오래전 상코파의 버스 안에서 젊은 흑인 여성이 다른 사람들의 기분 따위는 개의치 않은 채 자신의 분노를 차분하고 명료하게 표현하는 것을 봤다. 하지만 나는 그렇게 할 수 없었다. 나는 내가 생각한 것보다 더 나 자신의 분노를 두려워하고 있었다.

나는 현명하고 참을성 많은 선생님, 차분한 선생님이 되려고 했다. 도덕적 우월감 비슷한 것을 바탕으로 한 초연한 분위기를 띠려고 했다. 그러나 이런 것들은 결국 자기를 억제하려는 시도에 불과했다. 내 본성을 집에 두고 온 셈이었다.

그때 시인 오드리 로드가 나를 구했다. 그녀의 수필집

『시스터 아웃사이더』를 보면 「분노의 활용」이라는 글이 있다. 그녀는 분노가 부인해야 할 단점이 아니라 뭔가가 잘못됐다고 우리에게 말해 주는 창의적 힘이라고 썼다.

> 모든 여자에게는 분노로 가득 찬 무기고가 있는데 그것은 장차 그 분노를 생겨나게 한 개인적인 또는 제도적인 억압과 싸울 때 유용할 것이다. 정확하게 조준한다면 진보와 변화에 기여하는 강력한 에너지원이 될 수 있다. …… 우리의 비전과 미래를 위해 분노를 표현하고 실천하면 그것은 더욱더 명료화되고 우리는 더욱더 자유롭고 강해진다.

나는 이 글을 읽고 불현듯 자유의 의미를 깨달았다. 분노의 본질은 파괴적이지 않다. 나의 분노는 선한 힘이 될 수 있다. 내 분노는 창의적이고 독창적일 수 있으며 아직 존재하지 않는 더 나은 세상을 볼 수도 있다. 정의와 자유를 향한 정당한 운동의 연료가 될 수 있다. 나는 내 분노를 두려워할 필요가 없다. 나 자신을 두려워할 필요가 없다.

나는 온순하지 않다. 나는 열정적이고 강하고 현실적이며, 흑인의 존엄을 주창하는 운동의 계승을 목표로 한다.

옛날에는 내가 **그 흑인 여자**가 아니라는 점이 싫었다. 하지만 나는 그 여자가 아니다. 나는 껌 짝짝 씹는, 눈알을 굴리는, '내가 가만있나 어디 한번 볼래?' 하는 흑인 여자가 아니다. 그렇다면 나는 누구인가? 이것이 내 분노를 활용하기 위해 내가 던져야 하는 질문이었다.

내가 조라 닐 허스턴은 아니지만 백인의 변덕스러운 승인을 나의 효용에 대한 판단 기준으로 삼지 않을 수는 있다. 내가 니나 시몬은 아니지만 집필과 강연으로 흑인의 존엄을 주장할 수는 있다. 내가 앤절라 데이비스는 아니지만 그녀만큼이나 흥미롭고 도전적인 방식으로 권력자들에게 진실을 말하는 방법을 배우는 중이다.

처음에는 내 분노의 목소리를 믿기가 어려웠다. 하지만 흑인의 삶에는 연습할 기회가 수없이 많다. 그래서 그렇게 했다. 글을 쓰고 강연을 했다. 다른 사람들과 토론을 하고 글을 좀 더 썼다. 오드리 로드가 약속했듯이 내 분노는 창작으로, 다른 분노한 사람들과의 관계로 이어졌다. 내 분노는 나를 파괴하지 않았다. 나를 쓸쓸히 홀로 남겨 두지 않았다. 오히려 내 소명을 뒷받침했다. 힘든 이야기를 꺼내고 흑인들의 삶이 위태롭다는 글을 쓸 용기를 줬다.

그것은 놀라운 일이 아니었다. 내가 섬기는 분은 분노를 경험하고 표현한 신이기 때문이다. 나에게 신약에서 가장 중요한 구절 중 하나는 예수님이 성전에서 1인 시위를 하는 장면이다. 예수님은 장사꾼들에게 고함치고, 가구를 둘러엎고, 가축들을 풀어 주고, 무기(채찍)를 들고 돌아다니며 사람들을 건물 밖으로 내쫓는다. 그리하여 가장 소외된 자들, 즉 맹인, 불구자, 아이들이 들어올 공간을 만든다. 당시에 신문이 존재했다면 예수님의 분노는 파괴적이라는 기사가 실렸을 것이다. 그러나 힘없는 자들은 그분의 분노가 그들에게, 소속될 자유, 치유될 자유, 하나님의 집에 온전한 자격으로 들어갈 자유를 줬다고 말했을 것이다.

막간

## 자칭 반인종주의적인 조직 내의 인종주의에서 살아남는 방법

10. 그들에게 왜 당신을 채용하고 싶은지 물어봐라. 당신에 관한 어떤 자료를 읽었는지, 당신을 어떻게 생각하는지, 당신의 재능과 장점이 뭐라고 생각하는지 최대한 명확하게 알아내라. 그들은 당신에게서 어떤 역할을 기대하는가? 그들의 대답이 당신이 이 조직에 들어가고 싶은 이유와 일치하는가?

9. 용어를 정의해라. **정의**(正義), **다양성, 반인종주의** 같은 단어의 뜻을 당신과 그들이 다르게 생각할 수 있다. 그들이 이 단어들을 어떻게 이해하고 구현하고 있는지 알 수 있는 정의(定義), 사례, 성공 이야기를 들려 달라고 요구해라. 또한 반인종주의 정책 책임자 및 담당자가 누구인지 물어보라. 그 이야기를 다 듣고 난 후에 당신이 이 조직에서 일할 수 있을지 자문(自問)해라.

8. 그들이 약속한 최고의 비전을 최대한 오래 지키게 해라. 그들 스스로 얘기한 비전을 추구할 의사가 지도부에게 없다면 이직을 준비해라.

7. 당신 편을 찾아라. 조직에 저항하거나 지도부에 항의할 때는 혼자 하지 않는 것이 현명하다. 조직 내의 반인종주의 단체에 가입하거나 스스로 만들어라.

6. 가까운 곳에 멘토나 상담역을 둬라. 조언이 필요할 때 정말 좋은 친구나 부모님을 찾아가지 마라. 이 조직과 지

도부에 대한 개인적인 지식을 바탕으로 조언해 줄 수 있는 멘토 한두 명이 있는 것이 중요하다. 당신에게는 이 조직 특유의 사내 정치를 잘할 수 있도록 도와줄 사람이 필요하다.

5. 자기 관리를 실천해라. 당신은 한 인간이지 이 조직의 죄를 대신 짊어져야 하는 노새가 아님을 명심해라. 사랑에 빠져라. 아이들을 공원에 데려가라. 아프면 병원에 가라. 재미있는 책을 읽어라. 막춤을 춰라. 좋은 섹스를 많이 해라. 자기 자신을 소중히 해라.

4. 반인종주의를 위해 기부할 사람을 찾아라. 인종 다양성 수업과 소수인종 고용제도와 사회정의 센터 운영을 위해 기꺼이 기부할 사람은 누구인가? 당신이 속한 반인종주의 단체만 여기에 관심을 갖는 것이 아님을 조직에 알리는 것이 중요하다. 진정한 변화를 보고 싶어 하는 관계자들, 신도들, 기부자들이 있음을 보여 줘라.

3. 당신의 권리를 알아라. 그냥 기분 나쁜 인종차별이 있고 법으로 금지된 인종차별이 있다. 그 둘의 차이를 알고 모든 것을 기록해라.

2. 말해라. 물론 정황이 중요하다. 언제, 어떻게, 누구에게 말할 것인지, 무엇을 고발할 것인지를 전략적으로 선택해야 한다. 하지만 말해라. 당신의 목소리를 내라.

1. 명심해라. 당신은 변화를 일으킬 수 있는 창의적인 존재다. 하지만 조직 전체를 변화시키는 것은 당신의 책임이 아니다.

> ▸ CHAPTER 10 ◂

# 공포의
## 의례

오늘날 많은 사람들이 트레이번 마틴, 에릭 가너\*, 마이

---

\* 2014년 7월 뉴욕시에서 에릭 가너는 경찰의 체포에 저항하다 백인 경관 대니얼 팬털레오에게 목이 졸려 사망했다. 대배심이 팬털레오에게 불기소 결정을 내리자 전국에서 시위가 시작됐고 뉴욕시는 결국 유족에게 거액의 합의금을 지불했다. 팬털레오는 아무런 혐의로도 기소되지 않았으며 5년 후에야 해고되었다.

클 브라운\*의 이름을 알게 된 것은 "흑인 목숨도 소중하다"(Black Lives Matter)라는 표어를 만들고 흑인들의 요구를 제기하는 사회정의 운동을 시작한 흑인 여성 세 명 덕분이다. 그러나 나 개인에게는 그 전에 사건 하나가, '**모든 흑인 목숨이 소중한가?**'라는 질문을 하게 만든 사람이 있었다.

내 친척 오빠 달린은 덩치가 컸다. 키는 183센티미터쯤이었는데 몸이 근육질이라 5~8센티미터는 더 커 보였다. 그는 늘 옷을 잘 차려입고 다녔다. 헐렁한 밝은색 셔츠에 흑인 명품 브랜드 청바지를 입었다. 운동화가 늘 새것처럼 하얘서 가끔은 그가 뒷주머니에 신발 클리너를 꽂고 다니는 건 아닌가 생각하기도 했다.

하지만 달린은 패션보다 웃음소리로 더 유명했다. 그의 키가 183이었다면 웃음소리는 366이었다. 뭔가가 흥

---

\* 2014년 8월 미주리주 퍼거슨에서 비무장 상태였던 18세 소년 마이클 브라운이 백인 경관 대런 윌슨에게 사살당했다. 이 사건으로 퍼거슨 사태가 일어났다. 편파적인 초동수사 및 대배심 과정 등 여러 문제가 발견됐지만 윌슨은 정당방위가 인정되어 기소되지 않았다.

미로울 때는 짧게 씩 웃는 정도였지만 정말 재밌는 일이 있을 때는 블록 전체에서 그의 웃음소리를 들을 수 있었다. 그의 나이에 안 어울리는 낮고 우렁찬 소리였다. 열여섯 살짜리보다는, 좋은 일이 있을 때 온 동네에 소문내야만 직성이 풀리는, 산전수전 다 겪은 할아버지한테나 어울릴 웃음소리였다.

많은 흑인 남자들이 그렇듯 달린은 엄청나게 웃겼다. 가족 모임에서는 경쟁자가 너무 많아서 얌전히 있는 것처럼 보였지만 옆자리에 앉으면 그의 방백 같은 빈정대는 농담을 들을 수 있었다. 달린은 친척들의 기벽을 전부 알고 있었기 때문에 그걸로 농담을 하기 시작하면 듣는 사람은 웃음을 참을 수가 없었다.

달린은 사촌 오빠였지만 늘 조금 먼 존재로 느껴졌다. 왜냐하면 달린은 남자였고 나는 여자였기 때문이다. 달린이 멋있고 당당한 열여섯 살이었을 때 나는 아직 자의식 과잉에 수줍음 많은 여덟 살이었다. 그의 가족은 애크런에 살았고 우리 가족은 털리도에 살았다. 우리는 비슷한 반경 안에서 왔다 갔다 했지만 같은 공간에 있은 적은 거의 없었다.

 어느 해 크리스마스 연휴 때의 일이다. 친가 친척들 모두가 따듯하고 삐걱거리는 애크런 할머니 댁에 바글바글 모여 있었다. 어른들이 부엌에 있는 동안 나는 2층 할머니 방에 몰래 숨어들었다. 할머니는 따듯한 담요를 덮고 침대에 누워서 화면에 구불거리는 줄이 지나가고 기다란 안테나가 달린 20인치 브라운관 텔레비전을 보고 있었다. 나는 여덟 살이었고 할머니랑 단둘이 있을 기회가 별로 없었기 때문에 바닥에 앉아 할머니랑 같이 텔레비전을 보면서 광고 이야기를 하거나 바보 같은 인물들을 보며 깔깔 웃었다.

 그때 갑자기 아래층이 소란스러워졌다. 현관문이 쾅 하고 열리더니 달린의 목소리가 마룻바닥을 뚫고 올라왔다. 평소보다 톤이 높고 정신없는 목소리였다. 달린의 엄마가 거기에 대답했다. 억양은 똑같은데 달린의 목소리보다 세 옥타브가 높았다. "뭐? 어머, 어쩌다가!" 그러자 달린이 말허리를 끊었다. 소리가 점점 더 커졌다. 할머니랑 나에게는 단어가 띄엄띄엄 들렸지만 확실하게 들린 단어는 **총**이었다. 할머니랑 나는 눈썹을 치켜세우고 서로 마주 봤다. 할머니가 꼼짝 않길래 나도 가만있었다.

잠시 후 고함 소리가 멈추더니 발소리가 쿵쾅대며 계단을 올라왔다. 달린의 발소리임을 할머니가 눈치챘다. 할머니는 달린이 문을 열기도 전에 그쪽을 쳐다봤다. "무슨 일이니?" 달린이 모습을 드러내자 할머니가 물었다.

나의 쿨한 사촌은 거기 없었다. 작은 브라운관에서 흘러나온 빛에 어렴풋이 보이는 이 10대 소년의 얼굴은 충격받은 표정이었다. "친구들이랑 길을 걷고 있는데 웬 놈이 제 신발을 뺏어 갔어요." 달린이 손마디를 우두둑거리며 말했다.

할머니의 당황한 얼굴은 나와 똑같았다. "네 신발을 뺏어 갔다고?" 할머니가 물었다.

달린은 자기가 막 새 운동화를 산 참이었다고 말했다. 가게에서 나온 달린과 친구들에게 범인은 총을 겨눴다. 달린의 패거리는 무기를 지니고 다니지 않았으므로 그는 새하얀 새 운동화를 넘겨줄 수밖에 없었다. 그래서 열받았다.

"그래서 이제 어쩔 거니?" 할머니가 솔직한 대답을

바라며 물었다. 달린은 주저하지 않았다. "총을 구해서 신발을 되찾을 거예요." 그가 다시 한 번 손마디를 우두둑거렸다.

할머니와 나는 겁에 질려 그를 쳐다봤다. 할머니도 그때 나랑 같은 생각을 했는지 모르겠다. 나는 달린이 지금 나가면 영원히 돌아오지 못할까 봐 두려웠다. 하지만 당시에는 어렸음에도 그의 신발이 문제가 아님을 알았다. 이것은 그의 자존심 문제였다. 유치한 기 싸움 같은 것이 아니라 인간으로서의 자존심, 웬 낯선 사람이 내 목숨은 신발 한 켤레보다 못하다고 생각할 때 불타오르는 자존심 말이다. 나는 달린에게서 복수심이 아니라 잘못된 것을 바로잡고 싶어 하는 욕구를 느꼈다. 세상을 재정비해서 속수무책 상태에서 벗어나고 싶은, 안전해지고 싶은, 그날 밤 일어난 일에서 주도권을 잡고 싶은 욕구. 그리고 그때 달린은 막 거금을 주고 운동화를 산 10대였으므로…… 신발을 되찾고 싶기도 했을 거라고 생각한다.

나는 지금도 분노와 슬픔이 뒤섞인 그의 표정을 떠올릴 수 있다. 그 자리에 나도 있었던 걸 그가 알기나 했는지 모르겠다. 하지만 그 순간에 나는 내 사촌의 삶을 지배하는 규칙이 내 삶을 지배하는 규칙과는 다르다는 것을 깨달았다. 경찰에 신고하는 것은 그에게 가능한 선택지가 아니었다. 하지만 만약 나에게 똑같은 일이 일어났다면 나는 총을 어디서 구해야 할지, 누구한테 물어봐야 할지도 몰랐을 것이다. 달린은 내가 신문 기사로만 봤던 세상에 살았다. 그래서 나는 그를 믿었다. 그의 세계에 대한 그의 설명을 믿었고 그래서 두려웠다. 나는 그가 살아 있기를 바랐다.

그것은 나이가 들면서 더욱 잘 알게 된 두려움이다. 아빠가 백인 지역인 오하이오주 시골에 출장 갈 때 살아 돌아오지 못할지도 모른다는 두려움. 남동생이 지식인임에도 불구하고 누군가가 그를 범죄자로 생각할 수도 있다는 두려움. 남편이 다른 사람으로 오인받을지도 모른다는 두려움. 지금은 내 배 속에 있는 아들이 태어나고 나면 더 이상 그 애를 보호해 줄 수 없다는 두려움. 나의 신체적 자유가 국가에 의해 침해당할지도 모른다는 두려움.

때로는 공포가 심신을 약화한다. 내가 이 글을 쓰고 있는 지금 남편은 시집에 가는 중이다. 그는 두 시간을 운전해서 미시간주를 가로질러 갔다가 돌아올 때도 두 시간을 운전해야 한다. 나는 남편이 자동차 검문에 걸려서 몸수색당하는 것을 상상하지 않으려고 애쓴다. 남편이 화가 나서 위험한 말을 내뱉는 것을 상상하지 않으려고 애쓴다. 나는 상상하지 않으려고 애쓴다. 내 불안을 그에게까지 전염시키고 싶지 않기 때문이다.

그래서 오늘 아침에 그가 떠날 때 나는 그를 포옹하면서 운전 조심하라고 말했다. "살아 돌아온다고 약속해." 그는 내 말이 농담이 아님을 알았다.

그가 내 눈을 보며 말했다. "아무 일 없을 거야. 도착하면 전화할게." 나는 고개를 끄덕이고 미소를 지으며 괜찮아진 척했다.

가끔 백인 친구들이랑 밖에서 만날 때 그들은 내가 약속 장소에 도착했을 때도 남편 토미에게 전화하고 약속 장소에서 집으로 출발할 때도 남편에게 전화하는 것을 본다. 대놓고 놀린 적은 없지만 자기들끼리 눈빛을 주고받으며 재미있어한다. 그들은 토미와 내가 닭살 부부여서, 혹은 토미가 강압적인 남편이라서 내가 이런다고 생각한다. 그래서 그 순간에만은 내가 페미니스트가 아니라고 생각한다. 하지만 이것은 우리가 바깥세상에 나가 있을 때 서로가 무사함을 확인하는 의례다. 우리가 두려움을 물리치는 방법이다.

나는 이 두려움을 달린에게서 처음 느꼈다. 그날 밤 삼촌들이 말려서 달린이 다시 나가지는 않았지만 그 후로 나는 늘 이 두려움을 느꼈다. 수많은 흑인 부모들, 흑인 형제자매들, 흑인 부부들, 흑인 이웃들도 그랬다. 우리는 백인들이 엘리베이터 안에서 우리를 보고 자기 핸드백을 틀어쥐거나 우리가 지나가면 문을 잠글 때 그들의 과잉 반응이 두렵다. 엉뚱한 사람을 용의자로 지목하거나 우리가 비무장 상태일 때 자기가 위험하다고 생각하는 경찰의 과잉 반응이 두렵다. 범죄자처럼 보인다고 해서 범죄자 취급을 받는 것이 두렵다. 남들 눈에 우리 아이에게 책잡힐 일이 있을 때 그것이 사적 처벌이나 처형을 가져올까 봐 두렵다. 우리 아이가 완벽하지 않아도, 버르장머리가 없거나 무례해도, 실수하거나 실패하더라도, 열여섯 살 특유의 치기로 위험하고 멍청한 짓을 하더라도 살아 있기를 바란다.

살아서 내일의 태양을 보길 바란다.

이런 걱정을 안 해도 되는 날이 오기 전까지는 우리는 너무나도 익숙한 이 공포의 의례를 반복할 것이다.

▶ CHAPTER 11 ◀

# 피고를 위한

# 신

학부 졸업 후에 나는 미시간주로 이사를 했고 풀타임으로 일하면서 사회정의 전공 석사과정을 시작했다. 석사과정이 끝나 갈 무렵 우리는 수감 생활에 관한 지미 산티아고 바카의 고무적인 회고록 『설 곳』(*A Place to Stand*)을 읽으라는 과제를 받았다. 그 책은 내게 엄청난 충격이었다. 무고한 사람들이 억울하게 투옥되어 끔찍한 경험을 한 이야기는 예전에도 많이 들어 봤다. 하지만 바카는 실제로 죄를 지어서 감옥에 갔음에도 나는 그가 묘사한 삶을 견디기 어려웠다. 폭력, 학대, 늘 방어할 준비가 되어 있어야 한다는 압박에 대해 읽는 동안 머릿속에 떠오른 것은 달린뿐이었다.

달린과 나는 자라서도 친해지지 못했다. 그는 래퍼가 되려고 했고 스튜디오를 빌리려면 돈이 많이 필요했다. 그래서 비용을 마련하기 위해 약을 팔았다. 그런데 그 일을 시작하기에는 시기가 안 좋았다. 달린이 10대에서 성인으로 넘어갈 무렵 클린턴 대통령은 상습 마약사범의 최소 형량을 정하는 법안에 서명했고 전국 각지의 경찰들은 비폭력 범죄를 엄중 단속하기 시작했다. 흑인 동네에서 달린 같은 덩치의 젊은 남자가 매번 경찰 검문에 걸리는 것은 당연한 일이었다. 그는 길거리에서 알몸 수색을 당했다. 그가 수치스러워하는 모습에 즐거워하는 경찰들에게 폭행도 당했다. 그리고 굉장히 많이…… 체포당했다.

나는 연휴에 본가에 갈 때마다 달린이 또 구속됐다는 얘기를 심심치 않게 들었다. 하지만 래퍼로 활동할 때의 달린은 이제 막 걸음마와 말을 배우기 시작한 딸의 재롱에 푹 빠진 딸 바보였다. 그가 집에 있을 때는 다른 건 아무것도 중요치 않았다. 우리는 고개를 숙이고 서로가 있음에 하나님에게 감사했다.

달린이 세 번째로 감옥에 가게 되었다는 소식을 들었을 때 나는 어떻게 받아들여야 할지 몰랐다. 이번에는 금방 나오지 못할 것이었기 때문이다. 최소 형량 법안에 따라 10년은 집을 떠나 있어야 했다. 그것은 내 고등학교 시절, 학부 시절을 합치고도 거기에다 또 2년을 더한 기간과 맞먹었다. 비폭력 범죄로 그렇게 오랫동안 감옥에 가야 한다는 것을 어느 누가 순순히 받아들일 수 있단 말인가?

내가 대학원에서 『설 곳』을 읽었을 때 달린은 이미 몇 년째 수감 중이었다. 독방, 폭력, 환각에 관한 이야기로 가득한 책장을 넘기면서 나는 계속 자문했다. **달린도 지금 이런 걸 겪고 있을까? 이런 규칙을 배우고, 감옥에서 살아남기 위해 싸우고 있을까? 다른 죄수나 교도관의 폭력을 피하려고 애쓰고 있을까? 벌칙으로 편지를 압수당해서 보지 못하고 있을까? 지금 무슨 일을 겪고 있을까? 감옥 안에서**

### 는 다들 이렇게 사는 걸까?

달린이 감옥에 간 후로는 연락한 적이 없었다. 안부가 궁금했지만 뭐라고 물어야 좋을지 몰랐다. 비폭력 범죄로 갔다는 건 알았지만 거기에 대해 얘기해도 되는지 몰랐다. 숙모에게 달린이 어떻게 지내냐고 물어봐도 될까? 사람들이 면회는 갈까? 달린이 감옥에 있다는 건 집안의 비밀일까, 아니면 공공연히 말해도 되는 걸까? 가끔 용기를 내서 아빠에게 물어봤지만 돌아오는 대답은 대개 짧았다. 그러면 나는 그대로 포기했다. 아빠는 내게 말해 준 것보다 더 많이 알고 있었을 것이다.

하지만 『설 곳』을 읽고 나서는 더 이상 기다리지 않기로 결심했다. 내가 직접 나서서 달린과 관계를 시작하려고 노력하기로 했다. 그가 석방될 때까지 기다리거나 어렸을 때처럼 언젠가 우리가 친해지는 날이 올 거라고 생각하지 않기로 했다. 내가 우리 사이의 빈 공간에 들어가서 달린이 그곳으로 나와 주기를 바랄 작정이었다.

나는 재소자에게 편지 보내는 방법을 조사한 뒤 공들여 편지를 썼다. 손 글씨도 이보다 더 잘 쓸 순 없었다. 나는 달린에게, 우리가 마지막으로 만난 이후에 내가 어떻게 살아왔는지를 썼다. 이를테면 지금은 결혼해서 미시간주에 살고 있다는 것, 그리고 취미로 우리 가족사를 조사하다가 조부모님과 증조부모님에 대해 알아낸 것에 대해서도 썼다. 증조할아버지가 엄지발가락 하나가 없었다는 사실. 또 증조할아버지가 피부도 하얗고 눈도 파래서 백인으로 보일 수도 있었는데 징집영장에는 "검둥이"라고 적혀 있었다는 사실. 달린 생각을 많이 한다고 적었지만 **사랑한다**는 말은 쓰지 않았다. 달린이 웃을까 봐. 몇 년 동안 연락도 안 했으니 비웃음당해도 쌌다.

봉투를 붙이면서 나는 달린이 과연 내 편지를 받을 수 있을지 걱정됐다. 그다음에는 그가 받더라도 답장을 보내올지 걱정됐다. 연락을 안 한 지 워낙 오래됐으니까. 어떻게 될지 알 수 없었지만 시도는 해 봐야 했다. 나는 편지를 부치고 기다렸다. 너무 오래 기다린 나머지 하마터면 답장을 못 받을 뻔했다(우체국에 가서 받아 오는 것을 깜빡할 뻔했다).

몇 주 후 우체국 직원이 편지를 카운터에 올려놨다. 나는 떨리는 손으로 그것을 집어서 내 차로 돌아왔다. 그가 기분 나빠서 한 단어만 써 보냈으면 어떡하지? 이제 와서 무슨 편지를 보냈냐며 나를 비난하는 독백만 길게 쓰여 있으면 어떡하지? 그런데 첫 줄을 읽자마자 눈에 눈물이 차올랐다. "사촌 동생아, 안녕. 그래, 네 편지를 받고 놀라긴 했는데 우린 가족이니까 다 괜찮아." 그렇게 나를 용서한 후에 그는 내가 물어본 모든 것에 답변을 해 줬다. 마지막에는 그곳에서의 생활이 어떤지 자세하게 쓰고 나서 석방 후의 인생 계획으로 편지를 끝맺었다. 알고 보니 그는 이미 증조할아버지의 발가락에 대해 알고 있었다. 어렸을 때 어른들한테 물어봤는데 아무도 속 시원한 대답을 해 주지 않았다고 했다. 나는 미소를 띤 채, 꼬마 달린이 용감하게 할아버지의 발가락에 대해 질문했는데 어른들한테 완전히 무시당하는 장면을 상상했다. 분명히 그랬을 것 같으면서도 한편으로는 너무 옛일 같아 마음이 아렸다.

 나에게 자비와 사랑을 보내는 다른 사람의 말에 이보다 더 감동받았던 적은 없는 것 같다. 너무 흥분됐다. 드디어 사촌 오빠를 제대로 알게 된 것이다. 나는 의자에 앉아 바로 다음 편지를 쓰기 시작했다.

그 편지를 달린이 받았는지 모르겠다. 몇 주 후 그가 감옥에서 죽었기 때문이다.

몇 시간 동안 울면서 교도관들과 통화한 후에야 우리는 무슨 일이 있었는지 알 수 있었다. 어느 날 달린과 친구들이 마당에 있는데 갑자기 머리 위에서 천둥이 치기 시작했다. 그들은 모범수라서 일반 동이 아닌 다른 건물에 살고 있었다. 그래서 일반 죄수들은 폭풍우가 다가온다는 경고를 받았지만 모범수들은 받지 못했던 것이다. 폭풍이 심해지고 폭우가 쏟아지기 시작하자 그들은 실내로 들어가려 했지만 이미 너무 늦었다. 번개가 쳤고 달린은 죽었다.

며칠 뒤 우리는 자리에 앉아 달린의 추도식이 공식적으로 시작되길 기다리고 있었다. 그의 어린 시절 사진이 스크린에 비쳤고 나는 그의 편지를 끼워 놓은 성경 책에 손을 얹었다. 지금까지도 그 편지는 우리 사촌 오빠가 정말로 어떤 사람이었는지를 떠올리게 하는 물건이다. 재미있고, 자비롭고, 희망차고, 우리 가족사를 잘 알고, 집으로 돌아오고 싶어 했던 사람. 나는 그의 필체를 흘끗 보고 울음을 터뜨렸다.

일주일 뒤 나는 교회에서 피가 거꾸로 솟는 일을 겪게 된다. 그때 목사님은 '교회의 문을 열고 있었다.' 그것은 목사가 예배 중에 사람들에게 우리 교회에 등록하라고, 다시 예수님에게 삶을 바치라고 하는 부분을 말한다. 달린이 죽은 후의 일요일이었던 그날, 서른 살쯤 된 남자가 앞으로 나갔다. 그가 잠시 목사님과 얘기하고 나서, 관례에 따라, 목사님은 그에 대해 회중에게 짧게 이야기했다. 그 남자는 얼마 전 감옥에서 석방된 사람이었다. 수감 중에 예수님을 알게 됐지만 새 삶을 시작하면서 다시 한 번 하나님에게 삶을 바치고 싶었다고 했다. 회중은 우레와 같이 환호했고 남자의 열 살 난 딸이 앞으로 뛰어나가 아빠 품에 안겼다. 아름다운 장면이었다. 하지만 동시에 내게는 화나는 장면이었다.

나는 왜 달린에게는 두 번째 기회가 주어지지 않았는지 이해할 수 없었다. 며칠 전 숙모가 달린의 딸에게 아빠가 죽었다고, 이제 영영 돌아오지 않을 거라고 말하는 모습을 봤다. 그 아이는 다시는 아빠 품에 뛰어들지 못할 것이다.

회중이 자리에서 일어나 하나님을 찬미하며 남자의 가족을 격려하자 나는 다리가 풀렸다. 분노가 온몸으로 퍼져 나갔다. 내가 할 수 있는 일은 회중석에 기대어 우는 것밖에 없었다. **하나님, 왜 달린을 데려가셨나요?** 내가 달리 누구를 탓하겠는가? 사촌 오빠는 싸우다 죽은 것이 아니라 번개에 맞아 죽었다. 그리고 내가 믿는 신은 자연을 지배하는, 달린의 목숨을 구할 수도 있었던 신이었다. 그런데 이게 뭔가?

나는 내 분노가 두렵지 않았다. 성경에는 하나님이 나보다 훨씬 더 중요한 사람들의 분노를 다루는 이야기가 가득하기 때문이다. 나는 누군가에게 화풀이를 해야 했다. 그런데 하나님이 거기 있었다.

하지만 내가 화풀이를 다한 뒤, 슬픔에서 헤어난 뒤에도 의문점은 있었다. 재소자들에 대한 국가의 책임은 무엇일까? 달린은 경찰의 부당 대우를 얼마나 많이 겪었을까? 최소 형량 법안 같은 법에 대해서는 어떻게 생각해야 할까? 질문은 쌓여 갔다. 흑인 사회와의 관계를 위주로 형법 제도를 공부하기 시작하면서 나는 한 가지 질문을 더 할 수밖에 없었다. 내가 믿는 종교는 나 같은 특권계층이 아닌 흑인들의 삶에 대해 뭐라고 해야 할까?

달린의 죽음 때문에 나는 인종 부정의에 대해 더 많이 배워야겠다는 자극을 받았다. 기독교 내의 인종 부정의에 대해서는 하루 종일 이야기할 수 있었지만 나처럼 백인 사립 미션스쿨을 나오고 백인 기독교 비영리단체에서 일하지 않은 흑인들이 어떻게 사는지 알아야 했다. 무엇보다 무죄와 완벽이라는 "기독교적 기준"에 부합하지 않는다고 해서 사촌 오빠의 삶이 가치가 떨어진다는 의견을 물리쳐야 했다.

나는 이 글을 쓰는 지금도, 무심한 사람들, 달린의 죽음은 자업자득이라고 말할 사람들을 상대하기 위해 마음을 다잡고 있다. 그들은 **범죄자**라는 단어를 내뱉고 **마약상**이라는 단어를 내뱉을 것이다. 어쩌면 달린을 깡패, 깜둥이라고 부르거나 그가 사라져서 세상이 더 살기 좋은 곳이 됐다고 말할지도 모른다. 하지만 그들이 절대 말하지 않을 한 단어는 바로 **흑인**이다. 다른 모든 잔인한 단어들 밑에 숨겨진, 백인들이 정말로 내뱉고 싶어 하는 단어다.

백인들은 한 번도 우리의 죽음에 대해 제대로 변명할 필요를 느껴 본 적이 없다.

백인 여자를 쳐다봤다는 혐의로. 체포에 저항해서. 경찰관을 놀라게 해서. 무기를 가진 것 같아서. (나중에 알고 보니) 전과가 있어서. 수상해 보여서. 다른 사람으로 오인돼서.

이런 이유들은 하나도 중요치 않다. 알고 보면 진짜 죄는 항상 흑인이라는 사실이기 때문이다. 백인들은 그저 자신의 선한 척을 유지하고 (피해자의 자업자득이니까) 걱정할 필요 없다고 안심할 이유 비슷한 것이 필요할 뿐이다. 그는 마약상이었다. 범죄자였다. 깡패였다.

우리는 백인 마약상에 대해 이런 식으로 이야기하지 않는다. 백인 **살인자**에 대해서도 이런 식으로 이야기하지 않는다. 어째선지 우선 그들을 인간으로, 어쩌다 보니 나쁜 짓을 저지른 사람으로 생각한다. 하지만 그 같은 배려가 흑인에게 돌아오는 일은 드물다. 우리는 항상 살 권리를 쟁취해야 한다. 흑인에게는 자비나 은혜나 정의 이전에 완벽이 요구된다. 나는 이런 식으로 살길 거부한다.

아주 오래전 나는 교회에서 예수님이 가난한 자를 이해했다고 배웠다. 그리고 달린 덕분에 예수님이 피고도, 죄수도, 범죄자도 이해했음을 깨달았다. 예수님은 피고였고 죄수였다. 예수님은 십자가에 매달렸고 가시면류관 위에 그의 죄가 적혔다. 그렇다고 달린이 살아 돌아오진 않는다. 하지만 달린이 견딘 고통을 나의 하나님이 안다는 게 중요하다. 갑자기 인종 정의와 화해가 흑백 신도들 간의 일을 넘어서는 무엇이 되었다. 세상에서 하나님이 하시는 일을 이해하기 위한 살아 있는 틀이 되었다.

> CHAPTER 12 ◂

# 우리는 지금도
# 여기에 있다

버락 오바마의 당선은 흑백을 막론하고 수백만 명에게 미국 사회에서 인종 문제가 사라졌다는 신호로 받아들여졌다. 그러나 낙관주의가 팽배했던 첫 몇 년 동안에도 나는 그걸 믿을 만큼 순진하진 않았다. 물론 당선 연설 후에 오바마 가족이 시카고 시민들을 향해 손 흔드는 장면을 보면서 느낀 깊은 의미, 1년 전만 해도 내가 불가능하다고 했던 위업을 무시하려는 것은 아니다. 하지만 축하를 하면서도 우리 흑인들 대부분은 여전히 두려워했다. 흑인 공민권 운동 지도자들이 살해당해 온 미국 역사를 고려할 때 오바마 또한 대통령에 당선되었다는 이유로 암살당할지도 모른다고 생각했다. 우리는 그의 정책이 아닌 인종에 대한 시위들을 알고 있었다. 팻말과 올가미, 만평과 광고판, 수필과 기사, 버락 오바마 대통령이 어떤 주제, 정책, 법안 또는 미국 자체를 **"이해하지 못한다"**는 이야기가 계속해서 나오는 것을 봤다.

물론 이런 것들도 짜증 나긴 했지만 그래도 나는 평균적인 백인들에게서 나올, 오바마의 인종에 대한 반발은 충분히 예상했기에 마음의 준비가 되어 있었다. 멍청한 팻말, 모욕적인 만화…… 이런 것들은 예상 범주 내였다. 버락 오바마가 당선됐다고 해서 갑자기 인종 문제가 사라지지는 않았기 때문이다. 그러나.

내가 예상치 못했던 것은 퍼거슨 사태였다. 오래전 사적 흑인 처형 박물관에서 그랬던 것처럼 과거와 현재 사이의 간극이 다시 한 번 메워졌다. 이번에는 우리 집 거실 텔레비전 안에서.

세인트루이스 시 교외에서 심각한 일이 벌어지고 있음을 주요 매체가 알아차리는 데는 시간이 걸렸지만 퍼거슨 주민들은 알고 있었다. 며칠 후 케이블방송 뉴스에서 취재를 시작하자 밤마다 텔레비전에서 영상이 흘러나오기 시작했다. 경찰은 마치 전쟁 준비를 하듯 흑인 주민들과 마주 서 있었다. 폭동 진압 장비를 착용하고, 경찰견을 데리고, 최루탄을 쏘고, 탱크와 함께 맥도날드 앞에서 주민들과 대치했다. 만약 화면에 경찰만 나왔다면 그것이 외국 영상이라고, 혹은 경찰들이 소총과 방탄조끼로 무장한 사람들을 내려다보고 있다고 생각했을 것이다. 하지만 더 넓은 각도에서 찍은 영상을 보면 경찰과 대치 중인 것은 우리의 부모들, 이모들과 삼촌들, 사촌들과 자식들이었다. 하나같이 반바지에 티셔츠 차림인 그들은 비무장 청소년을 쏜 경관에게 법적 책임을 물으라고 요구하고 있었다.

그 장면과 역사책에 나오는 사진들 사이의 유사성은 무시해도 될 만한 수준이 아니었다.

'흑인 목숨도 소중하다'의 시대가 시작될 때쯤 나는

이미 인종주의가 사라졌던 적이 없다는, 단지 더 진화했을 뿐이라는 주장에 익숙했다. 하지만 텔레비전에서 흑인 주민들이 국가의 적 취급 받는 모습을 공포와 슬픔에 잠겨서 보고 있노라면 인종주의는 옛날과 전혀 달라지지 않은 것처럼 보였다. 경찰들이 야경봉을 휘두르며 말을 타고 등장하는 대신 이제는 자동소총을 등에 메고 탱크를 탄 채 나타났을 뿐이다.

나는 화가 나고 슬펐다. 하지만 동시에 모든 것이 익숙했다. 마치 전에도 이 일을 겪었던 것처럼. 부모님이 이 일을 겪었던 것처럼. 조부모님이 이 일을 겪었던 것처럼.

백인들은 소위 미국의 진보에 내가 감사하길 곧잘 바란다. 내가 수업 중에 미국 역사 이야기를 하면 그들은 '우리가 이만큼 발전했다'는 데 대해 내가 미국을 찬미하길 바란다. 그리고 세상이 나아지고 있다는 주장에 내가 희망을 걸길 바란다.

하지만 나는 그럴 수 없다.

오해하진 마라. 노예제도의 무게를 짊어졌던 조상님들에게는 무한히 감사한다. 백인과 동등한 시민권을 얻자는 운동이 시작되기도 전에 살고 사랑하고 일하고 즐겼던 조상님들에게도 감사한다. 노예였지만 달아나서 북군에 입대했던 증조할아버지의 할아버지에게도 감사한다. 아칸소에 언니를 만나러 갈 때 기차 뒤에 앉기를 거부했던 고조할머니에게도 감사한다. 싸우고 살아남은 조상님들에게도 감사한다. 하지만 미국의 진보에 대해서는 아무 감흥도 없다.

나는 노예제도나 흑인 차별 정책 폐지에 아무런 감흥도 없다. 이런 "업적"을 가지고 미국의 등을 토닥여 줄 필요를 느끼지 못한다. 마땅히 처음부터 그랬어야 했던 것들이기 때문이다. 많은 이들이 그것을 진보라고 부르지만 나는 겨우 30년 전에야 미국이 비로소 인간 존엄의 기준선에 다다른 것이 칭찬할 일이라고 생각하지 않는다. 코미디언 크리스 록의 말마따나, 이런 일들이 백인들에게는 진보겠지만 빌어먹을, 우리한테는 아니지 않은가? 내가 정말로 예찬할 수 있는 진보가 곧 이뤄지길 바란다.

왜냐하면 사적 흑인 처형이 여전히 너무 익숙하기 때문이다.

왜냐하면 흑인이 백인보다 게으르고, 범죄를 많이 저지르고, 공공서비스를 받을 자격이 없다는 인종차별적 주장이 여전히 너무 익숙하기 때문이다.

왜냐하면 백인에 비해 월등히 높은 흑인 수감률이 여전히 너무 익숙하기 때문이다.

왜냐하면 거리에서 흑인을 폭행하는 것이 여전히 너무 익숙하기 때문이다.

역사는 또다시 반복되고 있다.

1963년 9월 15일 일요일 앨라배마주 버밍햄의 16가(街) 침례교회에서 폭탄이 터졌다. 당시 교회 안에서는 흑인 회중이 주일예배를 준비 중이었다. KKK 단원들이 교회 계단 밑에 다이너마이트를 설치했다는 사실은 알지 못했다. 이 사건으로 스물두 명이 다치고 소녀 넷이 죽었다. 신시아 웨슬리, 캐럴 로버트슨, 애디 메이 콜린스는 모두 열네 살, 데니즈 맥네어는 열한 살이었다.

그로부터 겨우 2주 전에 마틴 루서 킹 목사는 링컨기념관 계단에서 그 유명한 "나는 꿈이 있습니다" 연설을 했다. 그리고 그날 이후 앨라배마주는 고등학교와 초등학교를 역사상 처음으로 흑백 통합하기 시작했다. 세상은 변하고 있었지만 백인 우월주의를 숭상하는 분리주의자들은 증오와 분노를 억누르지 못했다. 이 사건은 학교 통합령이 내린 후 11일 동안 발생한 세 번째 폭탄 테러였지만 사망자가 나온 것은 처음이었다. 백인들은 자기 자식들과 흑인들이 같은 학교에 다니는 것을 보느니 차라리 흑인들이 고통스럽게 죽는 것을 보겠다는 의사를 분명히 했다.

어렸을 때 이 어린 네 소녀에 관한 이야기를 듣긴 했지만 내가 모르는 부분이 많았다. 나는 폭탄 테러가 그렇게 일상적인 위협이었는 줄도 몰랐고 그 유명한 워싱턴 행진\*이 겨우 18일 전에 있었는 줄도 몰랐다. 내가 알았던 것은, 백인들이 주일학교 도중에 흑인 교회를 폭파해서 흑인 소녀 넷을 죽이는 일도 마다하지 않았다는 것뿐이었다. 이것은 역사책에 나오는 단순한 말이 아니었다. 나는 교회

---

\* 정식 명칭은 '일자리와 자유를 위한 워싱턴 행진'. 8월 28일에 워싱턴기념탑에서 링컨기념관까지 약 25만 명이 흑인의 권리를 주장하기 위해 행진했다. 이 행진의 마지막에 킹 목사가 한 것이 "나는 꿈이 있습니다" 연설이다.

에 가는 것을 좋아하는 소녀였다. 내가 만약 다른 시대에 태어났더라면 어떻게 됐을까?

나는 과거와 현재가 언제 또 만날지 궁금해하는 것을 2015년 6월 어느 날 저녁에 그만뒀다. 그날 한 백인 우월주의자가 이매뉴얼 아프리칸 감리교회에 걸어 들어가서 글록 41 권총으로 최대한 많은 목숨을 앗아 갔기 때문이다. 나는 막 돌아누워서 자려던 참에 MSNBC 앵커가 흑인 교회에서 총격 사건이 있었다고 올린 트윗을 봤다. 140자라는 자수 제한 때문에 트윗은 짧고 사무적이었지만 가슴이 철렁 내려앉았다. 범인의 동기가 인종주의가 아닐 가능성은 없어 보였다. 텔레비전을 켜고 내가 견딜 수 있을 때까지 뉴스를 봤다. 눈에 뉴스가 담길수록 마음이 점점 무거워졌다. 내가 사랑하는 교회가 또다시 공격당한 것이다.

나는 (이 찰스턴 교회의 사랑스러운 별명인) 마더 이매뉴얼에 가 본 적이 없다. 그곳에 아는 신도도 없고 담임 목사나 그날 죽은 사람들의 이름도 한 번도 들어 본 적이 없었다. 하지만 전혀 다른 동네임에도 불구하고 마치 우리 교회가 습격당한 듯한 기분이 들었다. 따지고 보면 테러의 목적은 목표물 이외의 사람들에게까지도 두려움을 심어 주는 것 아니던가.

그것은 목표를 달성했다.

2015년 6월 17일 이전까지 나는 한 번도 흑인 교회에 들어가는 것을 무서워해 본 적이 없었다. 흑인 교회들은 자애롭고 환영적이고 사랑이 넘치며 그곳의 회중은 포옹을 하거나 다른 사람의 삶에 좋은 말씀을 전하고 싶어서 안달한다. 심지어 범인도 그 참살의 날 밤에 이 사랑을 전달받았다. 정치 활동에 활발한 신도나 목사가 속한 흑인 교회가 많은데도 나는 그때까지 한 번도 교회 폭파를 두려워하거나 지역 영웅이 정치적 암살의 희생양이 될 수도 있다고 생각해 본 적이 없었다. 그것은 나의 부모님, 조부모님, 증조부모님이 가졌던 두려움이었다. 전부 지나간 과거였다. 아니, 과거라고 생각했었다. 내가 그 두려움을 느끼기 전까지는.

나는 범인이 잡히기 전이었던 그날 밤 내내 두려워했다. 그가 또 다른 교회로 가면 어떡하지? 오늘 또 다른 희생자가 나올까? 범인은 혼자 움직이는 걸까, 아니면 도시 전체에 혹은 전국에 일당이 퍼져 있을까? 그날 밤 잠들 때까지도 모르는 상태였다. 그리고 다음 날 아침 범인이 붙잡혔음을 알게 된 후에도 두려움은 여전히 남아 있었다. 모방자들이 생겨나면 어떡하지? 다음번에 우리 교회에 갈 때 내가 문을 등지고 앉는 것을 두려워할 거라 생각하니 분했다.

분은 화로 바뀌었고 화는 반항으로 바뀌었다. 나는 옷을 갈아입고 밖으로 나가서 차를 몰고 조용한 교회에 가서 울었다.

나는 세상을 떠난 신시아 그레이엄 허드, 수지 잭슨, 에설랜스, 더페인 미들턴닥터, 클레멘타 핑크니, 타이완자 샌더스, 대니얼 시먼스, 셔론다 콜먼싱글턴, 마이라 톰프슨을 위해 울었다. 그들을 그리워할 가족들과 친구들을 위해 울었다. 사랑하는 사람들이 눈앞에서 죽는 것을 목격한 생존자들을 위해 울었다. 다시는 예전으로 돌아갈 수 없게 된 그 교회 회중을 위해 울었다.

하지만 나는 나를 위해서도 울었다. 내가 불쌍해서 운 게 아니라―지난해에 목격한 모든 것에도 불구하고―아직도 미국이 이것보다는 나은 나라가 되었다고 믿고 싶었기에 울었다. **여기에 친구는 없어요.** 심스 박사님의 목소리가 들렸다. 눈물이 멈추지 않았다. 어떤 것들은 이제 신성불가침의 영역으로 넘어갔다고 믿으려 했었다. 하지만 내가 틀렸다. 백인 우월주의의 지속력, 치명적 상상력, 피를 향한 채워지지 않는 갈증을 과소평가했다. 바보가 된 기분이었다. 그것보단 똑똑했어야 했다. 흑인 혐오의 끈질김과 위험성에 대해 집필하며 지난해를 보내지 않았던가? 미국이 아직도 내게 상처를 줄 수 있다는 사실이 슬펐다.

백인 기독교인들은 자기들도 박해받았다고 늘 주장하지만 이런 종류의 공포를 알지 못한다. 흑인 미국인들은 몇 세대째 이런 종류의 공포 외에는 알지 못한다.

사라진 줄 알았던 과거가 여전히 지속되고 있고 인종 혐오가 아직도 우리를 학살할 수 있는 작금의 현실을 받아들이는 동안 나는 사회적 증오의 고통을 이해했던 흑인 작가들에게 돌아갈 수밖에 없었다. 은토자키 샹게이는 빼어난 무용시 『무지개가 충분할 때 자살을 생각해 본 검둥이 소녀들에게』에 다음과 같이 적었다.

내가 안다고 생각해찌만 나는 느무 멍청애서 상처바들
　　　　수 잇섯서
　　하지만 그건 사시리 아니지
　　더 이상은
　　며녁이 생겨야 하는데


　이 시의 화자는 자기가 또다시 실연당했음을 믿지 못하는 여자다. 하지만 나에게 이 시는 나와 미국의 관계를 표현한 것이다. 나는 인종 혐오에 스스로 면역이 생겼다고 믿었다가 또다시 상처받는 초현실적인 감정을 알고 있다. 나는 지금쯤 면역이 생겼어야 했다. 아직까지도 놀라기에는 미국의 인종사에 대해 너무 많이 알고 있다. 노예제도와 사적 흑인 처형에 대해서도 배웠고, 백인 폭동과 폭탄 테러에 대해서도 배웠다. 이렇게 많이 알아도 도움이 안 된다는 것, 내가 아직도 상처받는다는 것은 불공평하다. 하지만 나는 인간이다. 인간이다. 그리고 여전히 살아 있다.
　　흑인도 사랑을 할 수 있음을 세상이 믿지 않을 때에도. 내가 친밀감 때문에 살아간다는 걸, 사랑할 대상이 필요하다는 걸 세상이 믿지 않을 때에도. 내가 차라리 면역이 생기길 바랄 때조차도 나는 인간이다. 고로 친밀을 요구한다. 내일을 요구한다. 사랑을 요구한다.

그날 오후 텅 빈 교회 성단소에서 울고 기도하고 노래하는 동안 다음에 할 일을 깨달았다. 수년 만에 처음으로, 녹색 카펫과 거대한 문이 있는, 어렸을 때 다니던 교회에 돌아가야 했다. 아빠와 함께 있어야 했다. 그래서 그 주 일요일에 그렇게 했다.

알고 보니 카펫은 더 이상 녹색이 아니었지만 중요한 것들은 모두 그대로였다. 우리는 여전히 제단에서 기도할 때 손을 잡았다. 목사님은 여전히 설교 후에 똑같은 하얀 수건으로 이마를 닦았다. 노부인들은 여전히 맨 앞줄에 앉았고, 안내인들은 여전히 한쪽 면에는 마틴 루서 킹 목사의 얼굴이 있고 반대쪽 면에는 장례식장 광고가 있는 부채를 나눠 줬다. 성가대는 여전히 노래했다.

놀라우신! 놀라우신! 놀라우신! 주우우우니이이이임의
이이이이이름!

예수, 내애애게에에 가장 달콤한 이름.
내 영혼의 닻. 내 영혼의 닻. 나의 나의 나의 나의 영혼의
　　닻은 주님께 있네.


새로운 노래를 부를 때마다 목소리가 점점 커졌다. 우리는 몇 세대에 걸쳐 계속해 온 예배를 공포 때문에 멈출 생각이 없었다. 전에도 수없이 그랬듯이 우리는 서로에게서 안전감을 찾았고 성령이 우리를 보고 기뻐함을 깨달았다. 우리의 찬양, 우리의 선언, 우리의 기도뿐만 아니라 우리의 됨됨이에도 기뻐함을 깨달았다. 성령은 하늘을 향해 뻗은 우리의 검은 두 손, 오르간 소리에 맞춰서 흔드는 우리의 엉덩이, 노래하는 우리의 풍부한 목소리 속을 옮아다녔다. 성령은 회중 사이를 돌아다녔다. 성령은 늘 그랬듯이 우리와 함께였다. 우리는 나아갈 것이었다.

그 일요일은 우연히 어린이 주일이기도 해서 아이들이 회중 앞에 나와서 낭독할 성경 구절을 준비했다. 그 작고 까만 얼굴들이 희망의 언어를 암송할 때 눈물을 흘리지 않는 사람은 아무도 없었다. 어떤 아이들은 자신 있게 하

고 어떤 아이들은 수줍게 아동부 목사의 말을 따라 하기만 했지만 상관없었다. 그들은 여기 있었다. 우리는 여기 있었다. 우리는 나아갈 것이었다. 하나님이 우리와 함께할 것이었다.

나는 그날 예배 내내 울었고 그 후로도 며칠 동안 수없이 울었다. 미국은 내게 자신이 가진 황폐의 힘을 일깨워 줬다. 나는 역사가 여전히 반복되고 있음을 깨달았다. 1963년의 어린 네 소녀. 2015년의 아홉 신자들. 하지만 다른 이들의 사랑을 다시 한번 경험하기도 했다. 나는 흑인 공동체의 친밀 덕분에 살아가고 있었다. 온라인에서, 오프라인에서, 교회 안에서, 교회 밖에서. 세상이 우리에게 살아갈 권리가 없다고 할 때 다시 한번 흑인의 사랑—자신을 향한 사랑과 서로를 향한 사랑—이라는 전통이 주는 세례를 받았다. 우리는 일어나서 우리의 목숨이 중요하다고 선언할 것이다. 시간이 흐르고 우리가 계속해서 시위하고, 조직하고, 행진하고, 집필하고, 창작하는 것을 보면서 나는 내가 내일에 맞설 수 있음을 알았다.

막간

## 아들에게 보내는
### 편지

사랑하는 아들아.

이 문장을 쓰는 동안에도 너는 내 배 속에서 굴러다니고 있구나. 네 몸무게가 900그램밖에 안 돼서 네가 발차기를 하면 마치 나비가 내 배 속에서 파닥거리는 것 같아. 너는 내 나비란다.

네가 내 느낌처럼 활동적인 아이일지 자주 생각하곤 해. 너는 농구를 할 거니, 아니면 수영부에 들어갈 거니? 나무도 타고 웅덩이에도 뛰어들 거니? 아빠를 졸라서 가라테를 배우고 식탁이랑 소파랑 쇼핑 카트랑 철봉에서 뛰어내려서 엄마 심장 떨어지게 할 거니? 아니면 실내에서 노는 걸 더 좋아할 거니? 항상 책 속에 머리를 파묻고 있을 거니? 삼촌을 닮아서 컴퓨터 덕후가 될 거니? 아니면 예술적 재능이 있는 고모들을 닮을 거니? 네가 어떤 성격의 아이로 자라날지도 궁금하단다. 교회의 노부인들이 네 미래에 대해 뭐라고 예언할지도 궁금하고.

아빠랑 나는 항상 네 얘기를 해. 아빠는 자기가 좋아하는 영화를 전부 너한테 보여 주고 싶어서 안달이 나 있어. 그래서 너도 아빠만큼 공포영화를 좋아하길 바라고 있지. 나는 너를 공원에 데려가서 마치 내가 다시 어린아이가 된 양, 호기심 가득한 네 눈을 통해 세상을 새롭게 바라보는 상상을 해. 우리는 네 눈이 어떻게 생겼을지, 네가 어떤 소리로 웃을지, 네 발가락의 감촉은 어떨지 궁금하단다. 네가 얼마나 많이 울지도 궁금해. 아빠는 벌써부터 이발소에서 네 머리를 처음으로 테이퍼 스타일로 잘라 줄 날을 꿈꾸고 있어.

너는 아직 내 배 속에서 자라는 중이지만 아빠와 나는 천천히 부모가 되어 가고 있단다. 우리의 미래보다 네 미래를 더 많이 궁금해하지. 네가 어떤 사람이 될지 이야기하는 것은 즐겁지만 특정한 주제들은 피해 왔어.

우리는 누가 너를 처음으로 깜둥이라고 불렀을 때에 대해 얘기하는 걸 피해 왔어. 네가 수상해 보인다는 이유로 경찰한테 처음 자동차 검문을 당했을 때에 대해 얘기하는 것도 피해 왔지. 단지 하나님이 네 고운 피부에 입 맞췄을 때 네가 발그레해졌다는 이유로 사람들이 너에 대해 가질 여러 가지 편견에 대해 이야기하는 것도 피해 왔어. 너에게 이 세상을 뭐라고 설명해 줄지에 대해 얘기하는 것도 피해 왔지.

물론 언젠가는 얘기할 거야. 하지만 아직은 거기에 대해 생각하고 싶지 않단다. 차라리 네가 조숙할지 아니면 조용할지, 대담할지 아니면 수줍을지, 재미있을지 아니면 진지할지, 모험심이 강할지 아니면 내성적일지 생각하곤 해. 세상이 어떻게 네 인간성을 말살하려고 할지에 대해 곰곰 생각하는 대신 네가 어떤 인성을 가진 아이일지 궁금해한단다. 사람들은 처음에는 네가 예쁘고 순수하다고 생각할 거야. 실제로도 그럴 거고. 하지만 젖살이 빠지고 네 키가 어른만 해지면 그들은 너를 위험하다고 생각하기 시작할 거야. 하지만 우리가 네 곁에서 거짓말에 반박해 줄게. 네가 기쁨과 사랑과 모험을 가질 자격이 있는 아이임을 상기시켜 줄게.

우리 집에는 춤이 있고, 웃음이 있고, 사랑이 있을 거야. 우리 집에는 소울 푸드\* 냄새와 스티비 원더의 음악 소리가 있을 거야. 우리는 너에게 마이클 잭슨의 모든 춤

---

\* 미국 남부의 흑인들이 먹는 음식.

을 가르쳐 줄 거고 아빠랑 같이 NBA 결승전을 보기 위해서라면 늦게까지 깨어 있는 것도 허락해 줄 거야. 우리 집에는 눈물도 있을 거야. 항상 즐겁기만 하진 않겠지만 너도 흑인의 사랑이라는 축복을 알게 될 거야. 그것은 너를 지탱해 주고 앞으로 나아가게 뒤에서 밀어 줄 거야. 너를 감싸고 따듯하게 해 줄 거야. 네가 누구인지를 상기시켜 줄 거야. 그리고 엄마 아빠는 이 고귀한 희망의 공동체에서 제일 먼저 너를 환영하는 사람들일 거야.

지금 너는 계속 내 배 속에서 데굴데굴 굴러다니는구나 (밤에는 쉬는 것을 고려해 보렴). 네가 태어나고 나면 나는 지금처럼 너를 보호해 줄 수 없을 거야. 그러니까 항상 안전을 챙기고 튼튼하게 자라렴. 우리는 죽을 만큼 겁이 나고 바보같이 흥분해 있지만 때가 되면 너를 만나게 될 생각에 설렌단다.

사랑을 담아
엄마가

> CHAPTER 13 ◂

# 정의 다음에
## 화해

**인종 간 화해**는 기독교계에서 일종의 유행어가 되었다. 교회들은 스스로를 "다문화적"이라 지칭하고 그들의 선교 사업이 세상을 변화시키고 있다고 주장한다. 하지만 이 표현에 기독교인이 인종 정의와 다인종 사회를 어떻게 추구해야 하는지가 함축되어 있음에도 불구하고 **화해**가 온갖 다양성 추구 노력을 뭉뚱그리는 단어라고 생각하는 사람도 많다.

따라서 우리는 명확하게 정의할 필요가 있다. 다음 항목 중 그 어느 것도 **화해**가 아니다.

- 우리 교회에는 ○○(민족 이름)이 많다
- 다민족 교회
- 우리 교회보다 다양성이 높은, 타 교회 신도들과 건물을 공유한다
- 지도부에 유색인 그리고/또는 여성이 한두 명 있다.
- 교회 관리직에만 유색인이 있다
- 커피 한잔할 때 인종 관련 질문을 많이 한다
- 매달 다양한 민족과 문화를 예찬하는 행사를 연다
- 선교 사업
- 봉사 활동
- 도시 사역

화해를 위한 노력은 방금 언급한 활동에서 그치는 경우가 많다. 그런 경우에 화해라는 단어는 본래의 특별한 힘

을 잃고 상투어가 되어 버린다. 제대로 실현된 화해에는 사자가 어린 양과 함께 눕게 만드는 불가사의한 힘이 있다. 칼을 쟁기로 바꾸는 변화의 힘이 있다. 하지만 우리는 상대방을 변화시키는 깊은 관계를 요구하는 대신―이런 노력에 의해 우리의 세계관이 바뀌고, 유대감이 심화되고, 모든 것을 바로잡으려는 의욕이 샘솟게끔 하는 대신―**화해가 만족스럽게 같이 어울리는**과 동의어가 되도록 내버려 뒀다.

**화해**는 치유나 의욕이 필요할 때마다 내밀면 되는 마법의 단어가 아니다. 마음속 깊은 곳에서는 이 말이 사실임을 다들 알 것이다. 가벼운 화해로 만족하려던 시도는 소용없음이 증명되었기 때문이다. 인종에 대한 우리의 논의는 자주 감정적이지만 전략적이지 못하고, 우리의 봉사 활동은 여전히 가부장적이며, 다양한 민족 예찬은 유색인을 우상화한다. 그래서 교회 내에서 인종 정의를 주장하는 많은 사람들이 화해라는 용어를 사용하지 않게 되었다. 본래의 의미에서 너무 변질되었기 때문이다.

커티스 디영과 앨런 보삭은 『급진적 화해』(*Radical Reconciliation*)라는 저서에서 왜 이런 일이 일어나는지를 분석했다. 그들은 "화해는 혁명적이다. 즉 구조 변화를 지향한다"라고 썼다. 바꿔 말하면 화해는 절대 비정치적일 수 없다는 것이다. 화해는 늘 편을 든다. 정의의 편을.

이것이 미국의 백인 교회들이 화해 비슷한 그 무엇도 하려 하지 않는 이유다. 백인 교회는 권력이 저주가 아니라 자신의 생득권이라고 생각한다. 그래서 화해를 꾀하기보다는 현 상황에 위협이 되지 않는, 인종 간 조화의 순간을 연출한다. 서로 다른 인종의 성가대가 함께 노래하는 예배, 서로 다른 인종의 목사가 1년에 한두 번 설교하는 예배, 마틴 루서 킹 목사를 예찬하지만 현재의 인종 부정의는 인정하지 않는 예배를 기획한다. 이런 행위는 조화와 선의를 상징하는 아름다운 순간을 만들어 낼 수 있지만 조직의 권력 구조를 바꾸지는 않기 때문에 화해의 행위라고 부르기에는 오해의 소지가 있다. 더 큰 문제는, 이런 행위에 실질적인 변화가 뒤따르지 않는다면 다양성을 위한 노력이 의도와 정반대되는 효과를 가져올 수도 있다는 점이다. 부정의의 뿌리는 그대로 놔둔 채 교회가 스스로 선하다고, 죄가 없다고, 심지어 진보적이라고 생각할 수도 있다.

조직이 다양성과 화해를 혼동하면 숫자에 집착하는 경우가 많다. 사진에 흑인이 몇 명이나 있는가? 우리가 다문화적이라고 주장할 수 있게끔 유색인이 20퍼센트를 채웠는가? 우리의 출판물에 유색인이 쓴 이야기가 충분히 실려 있는가? 텔레비전 프로그램에 유색인이 충분히 나오는가? 하지만 화제, 내용, 방향, 비전에 영향을 미치는 주요 직책에 유색인이 없다면 전체에서 유색인이 차지하는 비율과 상관없이 그 조직의 본질은 백인이다. 바닐라 케이크 위에 사탕가루를 살짝 뿌린 것과 같다.

이 경우 그 조직에 속한 유색인은 어중간한 다양성 추구로 인한 피해를 해결할 책임을 떠맡게 된다. 회사가 천명한 다양성 원칙이 반영되지 않은 신입 사원 채용에 반기를 들어야 하고, 소수 인종의 의견이 반영되지 않은 회의실에서 그들이 목소리를 높이게끔 압박해야 하며, 다양성을 충분히 주창하지 않거나 오히려 해로운 사상을 강화하는 행사와 설교에 대처해야 한다. 왜 우리는 늘 예언자, 반대자, 교정자, 해결사가 되어야 하는가? 차라리 흑인 여성들에게 조직의 방향을 제안하고, 출판물의 비전을 제시하고, 비영리단체의 목표를 설정하는 것을 도우라고 하는 편이 더 현명할 것이다. 우리의 목소리가 정말로 반영될 때 숫자는 더 이상 중요치 않다.

또 한 가지 오해가 있다. 많은 사람들은 화해의 핵심이 대화―인종에 대한 컨퍼런스, 강의, (천국에서나 보게 될) 다양성에 관한 설교―라고 생각한다. 그러나 대화는 행동으로 이어질 때, 즉 권력 구조를 뒤집고 소수 인종을 위한 정의를 추구할 때에만 생산적이다. 불행히도 대부분의 "화해의 대화"는 백인에게 인종주의가 무엇인지 가르치는 데 대부분의 시간을 소비한다. 유색인의 상처와 고통에 귀 기울이는 것은 너무 많은 교회와 단체에서 시작이 아닌 마지막 단계에 해당한다.

백인 교회가 대화를 선호하는 이유 중 하나는 백인에게 유리하도록 한계를 조작하기가 쉽기 때문이다. 예를 들면 유색인이 당한 고통에 귀 기울이는 것보다 말투 검열이 우선한다. 그들은 유색인에게 더 상냥하고 친절하고 품위 있고 덜 화난 말투로 말하라고 하거나 백인의 필요, 기분, 생각도 똑같이 중요하게 고려해 달라고 한다. 그러나 화해로 가는 방법은 협상 대상이 아니다. 백인들은 유색인들이 견뎌 온 실망감, 그것을 보상하려면 무엇이 필요한지를 명확하게 말할 수 있도록 가만히 들어야 한다. 그런데 대화는 너무나 자주 시간을 끌기 위한 핑계가 되어, 본론이 시작되기도 전에 백인들이 스스로 영웅적인 일을 했다고 믿게 만든다.

다행히 대화는 정의와 화해를 향한 창의적 활동에 참여하는 유일한 방법이 아니다. 사실 나는 행진과 시위, 책과 성경, 예술과 설교, 변화를 꾀하는 연합에 적극적으로 참여하기 같은 행위에도 똑같은 힘이 있다고 생각한다. 하지만 백인 단체들이 과거에 성취한 것에 안주하여 유색인들에게 감사만 표하라고 요구할 때 이 창의적 노력은 교착 상태에 빠진다. 그들은 우리에게, 노래를 하든 북을 치든 무대에 오르게 해 준 것만으로도 감사해야 한다고 말한다. 지도부가 아닌 일개 직원 자리에도 감사해야 한다고 말한다. 그 책을 쓸, 그 프로그램을 지도할, 그 수업을 가르칠, 그 컨퍼런스에서 강연할 **기회라도 준 것**에 감사해야 한다고 말한다. 정의가 실현되려면 지도부에 유색인이 더 많아야 하고, 더 많은 예산이 필요하고, 선교 사업이나 전략에 더 큰 영향을 미칠 수 있어야 한다고 말하는 유색인들은 벽에 부딪히게 된다. **여기에 친구는 없다.**

백인들이 화해 바로 앞에서 멈추는 이유는 대개 자신이 선량하다는 믿음이 필요해서, 그 믿음을 몇 번이고 반복해서 확인받아야만 해서인 경우가 많다. 그들은 유색인과 어울리는 것이 좋다는 결론에 이르는 데에도 누군가의 칭찬을 필요로 한다. 그러나 화해는 백인의 기분과는 무관하다. 그것은 억압받는 자와 힘없는 자에게 권력과 관심을 돌리는 것이다. 기존 권력 구조는 그대로 둔 채 다양성에 깔짝대는 것만으로는 부족하다. 화해에는 더 많은 것이 필요하다.

화해는 불가능―권력자가 비권력자에게 자신의 힘을 내주는, 뒤집힌 세상―을 추구하는 것이다. 서로 다른 사람들이 함께 어울리기 위한 완전히 새로운 방법을 상상하는 것이다. 화해에는 상상력이 필요하다. 화해에는 현재 너머의 가능성을 보는 것이 필요하다. 화해는 의도 너머의 진짜 결과, 진짜 상처, 진짜 역사를 본다. 우리의 노력은 얼마나 정당하고 공정할 수 있을까? 과거를 보상하는 데, 모든 것을 바로잡는 데에는 무엇이 필요할까?

화해는 예수님의 일이다. 죄악이 우리를 하나님으로부터 떼어 놓았을 때 우리를 하나님과 화해시킨 것은, 새로운 관계를 상상한 이는, 십자가를 지고 평화가 된 것은 예수님이었다.

> 누구든지 그리스도 안에 있으면, 그는 새로운 피조물입니다. 옛 것은 지나갔습니다. 보십시오, 새 것이 되었습니다. 이 모든 것은 하나님에게서 났습니다. 하나님께서는 그리스도를 내세우셔서, 우리를 자기와 화해하게 하시고, 또 우리에게 화해의 직분을 맡겨 주셨습니다. 곧 하나님께서 사람들의 죄과를 따지지 않으시고, 화해의 말씀을 우리에게 맡겨 주심으로써, 세상을 그리스도 안에서 자기와 화해하게 하신 것입니다.
>
> 고린도후서 5장 17~19절

화해는 예수님의 직분이다. 하늘의 편안을 버리고 육

신을 입어 인간이 된다는 아름다움과 잔인함을 경험한 예수님. 십자가에서 죽고 무덤에서 부활하여 온 인류가 하나님과 하나 될 길을 연 예수님. 죽음, 삶, 하나님과 다시 하나 됨이라는 이 신성한 경험에서 우리는 사역의 역량을 본다. 화해가 왜 우리의 마음이나 교회뿐 아니라 언젠가 온 세상을 변화시킬 수 있는지 깨닫는다.

다행한 것은 예수님이 정의와 화해를 달성하는 데 모든 백인이 함께할 필요는 없다는 사실이다. 내게 이것은 자유다. 진실을 말할 자유. 창작할 자유. 모든 사람을 변화시켜야 한다는 부담감 없이 가르치고 집필할 자유. 이 깨달음과 함께 나의 관점 또한 달라졌다. 인종 정의를 추구함에 있어서 백인들의 반응을 중심에 두지 말고 이미 변화된 사람들과 팔짱을 끼면 된다는 것이다. 왜냐하면 미국 역사상 모든 백인이 뜻을 모아서 인종 부정의를 고치려 한 적은 한 번도 없기 때문이다. 모든 백인이 동산 노예제를 종식하기로 결정한 적도 없다. 모든 백인이 자유의 전사들의 말에 귀 기울인 적도, 인종 분리 정책을 없애자고 한 적도, 흑인 미국인들에게 투표권을 주자고 한 적도 없다. 모든 백인이 단합해서 흑인들을 정당하게 대우하기로 합의한 적도 없다. 그런데도 오랜 세월에 걸쳐서, 여러 세대에 걸쳐서, 역사에 걸쳐서 변화는 이루어져 왔다.

변화를 향한 전진은 대단히 힘들지만 실재한다. 필요한 것은 변화된 사람들뿐이다. 새로운 미래를 상상하기 위해 과거와 현재를 마주할 유색인들, 기꺼이 무관심을 버리고 투쟁에 동참할 한 줌의 백인들만 있으면 충분하다.

▸ CHAPTER 14 ◂

# 희망의 그늘 속에서 견디기

기독교인들은 사랑에 관한 이야기를 많이 한다. 그것은 특히 인종이 화제에 올랐을 때 기독교인들이 많이 언급하는 단어 중 하나다.

> 우리가 서로 사랑하는 법을 배울 수만 있다면…….
> 사랑은 미움을 이긴다…….

오늘 자신과 다른 누군가를 사랑하라…….

그러나 나는 이 사랑이 대단히 하찮은 것임을 깨달았다. 내 경험에 따르면 백인은 대개 사랑을, 자신이 실천해야 하는 도덕적 의무보다는 당연히 받아야 하는 상으로 생각한다. 백인이 생각하는 사랑은, 상대방이 마음을 바꾸는 동안 불편해하지 않도록 친절과 너그러움과 무한한 인내를 보이라고 요구한다. 그렇게 실질적인 행동을 취할 모든 책임은 회피하면서 어느 날 갑자기 의무감에 불이 붙는 마법의 순간이 오길 기다린다.

나는 냉담한 사랑에는 관심이 없다. 힘든 일은 거부하고 그 대신 아무것도 변화시키지 못하는 작은 가르침을 요구하는 사랑. "흑인 목숨도 소중하다"라는 명제에 단서를 다는 사랑. 단서를 단다는 것은 그 말이 사실임을 확신하지 못한다는 뜻이기 때문이다. 나는 부정의의 체제와 구조는 보지 않으려 하고 개인의 의도만을 묻는 사랑에는 관심이 없다.

이런 냉담한 종류의 사랑은 나에게는 쓸모가 없다.

나는 부정의를 불편해하는 사랑이 필요하다. 우리 아이들을 포함한 흑인들이 길거리에 죽어 누워 있을 때 분노하는 사랑. 목숨이 더 중요하므로 말투에는 더 이상 신경 쓰지 않는 사랑. 혐오를 참지 않고 인종차별적 결정에 대해 변명하지 않고 현재 상태에 만족하지 않는 사랑. 희생에도 회복에도 열심인 사랑이 필요하다. 정의를 택하는 사랑이 필요하다.

하지만 흑인 여성으로서 내가 이런 사랑을 기대하는 것은 절망을 불러들이는 것과 같음을 알게 되었다.

절망과 나는 좋은 친구가 되었다.

미국인 흑인의 삶에 관한 놀라운 회고록인, 타너하시 코츠의 기념비적인 책 『세상과 나 사이』(Between the World and Me)가 출간되었을 때 기독교계와 비종교계 모두에서 화제의 중심이 된 것은 희망이라는 문제였다. 자신의 아들에게 인종 간의 관계를 그렇게 암울한 언어로 묘사한 코츠는 너무 냉소적이었던 걸까? 그렇게 우울한 책은 왜 쓸까? 코츠는 실생활에서도 그렇게 절망적인가? 사람들은 그가 미국에 관해—미국 역사에 관해, 미국의 현재에 관해, 흑인으로서 사는 현실에 관해—쓴 글을 읽고 나서 희망을 요구했다. 당황스러운 이야기가 아닐 수 없다.

내가 볼 때 코츠의 글에는 안도감이 담겨 있다. 그가 소리 내어, 공개적으로, 역사가 요구하는 단호한 어조로 말했다는 점에서 그러하다. 그러나 흑인이 미국에서 인종에 대해 얘기하는 것은 대개 희망적인 경험이 아니다. 우리의 영혼을 괴롭힌 증오에 대해, 우리 삶에 가득한 크고 작은 차별과 고통과 부정의에 대해 이야기하는 것은 즐거운 일이 아니다. 동시에 우리는 흑인이 열등하다는, 사회의 세뇌에 시달린다. 나는 트레이번 마틴의 죽음을 슬퍼하는 동시에, 내 머리카락을 만지려 하는 호기심 많은 백인 여자의 손가락을 피하고 있을 수 있다. 퍼거슨에서 일어난 일들에 분노하는 동시에, 나한테 인종차별적 욕설을 퍼붓는 백인 남자에게 품위 있게 대꾸하려는 시도 중일 수 있다. 교실이나 대학교 캠퍼스에 나의 정당한 자리를 요구한 것과 같은 날에 백인 토크쇼 진행자 또는 배우 또는 정치인이 최근 내뱉은 인종차별적 발언을 들었을지도 모른다. 미국의 인종주의는—개인의 것이든 사회의 것이든 간에—엄청나게 끈질겨서 저항하기 힘들다. 희망이 자라나는 데 가장 좋은 비료는 아니다.

그래서 내게 있어 희망은 천 번쯤 죽었다. 친구가 이해하길 바랐지만, 희망은 죽었다. 그 사람이 평생 동지이길 바랐지만, 희망은 죽었다. 내가 속한 단체가 정말로 변화를 원하길 바랐지만, 희망은 죽었다. 직장에서 내가 적절한 존중과 대우를 받길 바랐지만, 희망은 죽었다. 인종차별적인 정책은 바뀌고 공정한 정책은 번복되지 않길 바랐지만, 희망은 죽었다. 살인을 저지른 경찰이 이번에는 정의의 심판을 받길 바랐지만, 희망은 죽었다. 역사가 반복되지 않길 바랐지만, 희망은 죽었다. 내 아이들이 사는 세상은 더 나아지길 바랐지만, 희망은 죽었다.

그래서 나는 희망의 죽음을 두려워하지 않는 법을 배웠다. 이 일을 계속하려면 희망은 죽을 수밖에 없다. 그렇다고 해서 내가 이런 크나큰 실망감으로 인한 눈물을 즐기는 것은 아니다. 앞으로 받게 될, 인종주의로 인한 상처를 기대하는 것도 아니다. 희망이 나를 저버린 횟수를 다시 세고 싶은 것도 아니다. 너무나 고통스럽기 때문이다. 하지만 이 모든 것에는 삶, 투쟁, 변화 가능성에 대한 믿음이 따라온다. 희망의 죽음은 우리를 치유하는 슬픔, 동기를 부여하는 분노, 다음에 내가 출근하거나 펜을 집어 들거나 행진에 참여하거나 내 이야기를 들려줄 때 힘을 북돋아 줄 지혜로 대체된다.

희망의 죽음은 들불처럼 맹렬한 분노에서 시작된다. 처음에는 인근의 모든 것을 파괴할 듯이 통제할 수 없는 재앙처럼 느껴진다. 하지만 분노의 한가운데에서도 나는 중심을 잡아야 한다. 희망이 사라지면 뭐가 남을까? 내 희망의 원천이 실패하면 뭐가 남을까? 희망의 죽음은 매번 고통스럽고 손실을 남긴다. 그러나 애도하는 과정에서 항상 세상에 대한, 교회에 대한, 나 자신에 대한, 하나님에 대한 명징한 깨달음이 떠오른다.

그리고 바로 여기에 새로운 시작이 있다. 재조정과 재발견이 있다.

그리고 정말 운 좋은 날에는 새로운 희망이 태어난다.

나는 백인에게 희망을 걸 수 없다. 백인들, 백인 단체들, 백인들의 미국에 희망을 걸 수 없다. 국회의원들이나 정치인들, 심지어 목사들, 비영리단체들, 강령들에도 희망을 걸 수 없다. 마틴 루서 킹 목사의 지혜의 잘못된 인용, 피상적인 소수민족 문화유산 예찬, 냉담한 사랑에 희망을 걸 수 없다. 심지어 나 자신에게도 희망을 걸 수 없다. 나는 누구의 구원자도 아니다. 이 목록이 길어질수록 희망은 점점 더 달성하기 힘들어진다.

그래서 나는 환한 햇빛을 기다리는 대신 희망의 그늘 안에 머무는 법을 배웠다.

『세상과 나 사이』를 출간한 직후에 타너하시 코츠는 미국의 인종주의가 언젠가 변할 거라고 믿는 이유가 있냐는 질문을 받았다. 그는 이렇게 답했다.

이 나라의 노예제도는 250년간 지속됐다. 그 말은, 1750~1760년에 이 땅에서 태어난 아프리카계 미국인들이 있었고 그들이 과거를 돌아보았다면 부모님이 노예였다는 뜻이다. 그들의 조부모님도 노예였다. 증조부모님도 노예였다. 그들이 미래를 내다보았다면 자식들도 노예였을 것이다. 손주들도 노예였을 것이다. 어쩌면 증손주들도 노예였을지 모른다. 그들 생전에, 이 나라 역사에서 가장 잔혹한 인간 비하의 형태인 노예제도가 끝난다는 희망은 없었다. "노예제도는 내 생전에 끝날 거야. 나는 그 끝을 보고야 말겠어"라고 말할 만한 근거가 전혀 없었다. 그러나 그들은 투쟁했다. 그리고 저항했다.

이것이 희망의 그늘이다. 우리의 꿈이 실현되는 것을 영영 보지 못하리란 걸 알면서도 약속된 장소에 나오는 것. 나는 내가 혹은 내 아이들이 혹은 내 손주들이 인종 평등이 이루어진 미국에서 살게 될 거라고 생각하지 않는다. 이것이 몇 세대 내에 미국이 고칠 수 있는 문제라고 생각하지 않는다. 그래서 나는 흑인 미국인들이 이미 이룩한 모든 것의 유산 안에서—그들의 저항 안에서, 가르침 안에서, 목소리 안에서, 믿음 안에서—견디며 아무도 본 적 없는, 아직은 상상조차 할 수 없는 세상을 위해 일한다. 나는 노예는 아니지만 과거를 돌아보면 몇 세기에 걸쳐 창의적으로 발전해 온 흑인 혐오가 보인다. 그리고 현재—경찰 가혹 행위, 인종 간 격차, "정치적 올바름"에 대한 반발, 최초의 흑인 대통령을 향한 혐오, 투표권법* 저해, 대선에서 이기기 위해 인종 간 적대감을 부채질하는 후보의 당선—를 본 뒤에 자문한다. **오스틴, 희망은 어디 있니?** 희망은 있어. 다만 그늘일 뿐이야.

희망은 어둠 속에서 일하고 있다. 내가 하는 모든 일이 약간의 변화라도 가져올지 어떨지 알지 못한 채. 그래도 말하고, 그래도 글을 쓰고, 그래도 사랑하고 있다. 희망은 실망을 참아 내고 다시 일하러 가고 있다. 이 책을 읽는 사람이 우리 엄마에서 끝날지도 모른다는 걸 알지만 그래도 쓰고 있다. 희망은 내 말이 모든 것을 바꿀 만큼 커지거나 강력해지거나 중요해지는 일은 영영 없을 텐데도 저항하고 있다. 희망은 하나님이 하나님이고 나는 아니라는 걸 알고 있다.

이 서늘한 곳에서 나는 의미 있는 사랑을 요구한다.

---

\* 1965년 소수 인종이 헌법에 보장된 투표권을 행사할 수 있도록 일체의 투표 억제 정책을 금지한 법.

여기에서 등 뒤로 지는 태양을, 별빛만큼 먼 햇빛을 본다. 그리고 희망의 한계를 받아들인다. 나는 희망의 힘이 아니라 희망의 나약함, 연약함, 죽는 능력을 가지고 있다. 그래도 나는 요구해야 하기 때문이다. 그것은 나의 생득권이다. 그것은 조상들이 견뎠던 모든 것, 부모님이 나에게 가르쳐 준 모든 것, 나를 구해 준 흑인성의 극치다. 그러니 내가 태양의 온기를 원한다고 한들 어떻게 감히 항복할 생각을 하겠는가? 이 온기는 나에게 약속된 것이 아니다. 내 믿음에는 온기가 필요 없다.

어쩌다 해가 날 때는 나도 햇볕을 쬔다. 하지만 거기에 머물 순 없음을 안다. 내가 견뎌야 하는 곳은 거기가 아니다. 그래서 나는 그늘 속에 머물면서 희망이 흥망성쇠를 겪게 내버려 둔다. 그래도 사는 것이 나의 의무다.

# 감사의 말

 이 기나긴 여정 동안 여러 방면에서 나를 도와준 사람이 너무나 많다. 이 글로 내가 감사하는 마음의 크기를 충분히 전달할 수 있을지 모르겠다.

 우선 말 그대로 이 책의 출간을 가능하게 해 준 모든 이들에게 감사한다. 내 에이전트 러셀 가드너에게. 모든 전화 통화와 회의와 메모에 (그리고 내가 작가임을 스스로 믿게 될 때까지 "나는 작가입니다"라고 말하는 연습을 시킨 데) 감사한다. 편집자 데릭 리드에게. 문법이란 내가 소리 내어 읽고 싶은 대로 문장을 쓰기 위해서만 존재한다는 나의 굳은 믿음을 용인해 준 데 감사한다. 컨버전트 출판사에. 이 신인 작가에게 기회를 주고 최선을 다해 이 책을 만들어 준 데 감사한다. 데이비드 콥, 티나 컨스터블, 캠벨 훠턴, 커리사 헤이스, 메건 슈먼, 닉 스튜어트, 아옐렛 그루언스펙트, 애슐리 홍, 제시 브라이트, 노먼 왓킨스, 에이다 요네나카, 김송희에게. 여러분의 시간과 에너지와 뛰어난 창의력에 감사한다.

다음으로는 내가 옛일이 기억나지 않을 때 기억을 빌려준 우리 가족과 친구들에게 감사해야 한다. 상대방이 답할지 안 할지를 걱정하지 않고 여러분에게 전화하고, 문자하고, DM이나 이메일이나 트윗을 보낼 수 있음을 영광으로 생각한다. 여러분의 대답을 듣고 추억을 나눈 덕에 이 책을 쓰는 과정이 조금 덜 외로울 수 있었다.

초고를 읽어 준 친구들에게. 여러분 덕에 더 좋은 책이 만들어졌다. 솔직한 평가, 비판, 질문, 제안에 감사한다.

나에게는 멘토가 많다. 그들은 나를 출판계에 소개해 주고, 초창기에 글쓰기를 응원해 주었으며, 이 책을 쓰는 동안 주기적으로 나를 격려해 줬다. 여러분 모두가 없었다면 절대 해내지 못했을 것이다.

이 긴 프로젝트를 끝내기까지 변함없는 관심을 보여 준 부모님에게 감사한다. 나에게 ABC를 가르쳐 준 것에서부터 내가 할 말을 잃었을 때에도 나에게 귀 기울여 준 것까지 전부 다 감사한다.

마지막으로, 멋진 남편 토미 브라운에게 감사해야 한다. 오래전 내가 담요를 머리에 뒤집어쓰고 울면서 당신에게, 작가가 되는 것이 10대 소녀의 꿈에 불과하냐고, 이제 포기해야 하냐고 물었을 때 나는 당신이 이제 그만 포기하고 철 좀 들라고 말할 줄 알았다. 하지만 당신은 내 손을 잡고 눈물을 닦아 주면서, 내가 더 이상 희망을 갖기 두려웠을 때 나를 믿어 줬다. 그날에도, 그 이후로도 내 마음을 잘 보듬어 줘서 고맙다. 사랑한다.

## 옮긴이의 말

#BlackLivesMatter라는 해시태그는 2013년 7월 13일 세 명의 흑인 여성 운동가 얼리샤 가자, 퍼트리스 컬러스, 오펄 토메티에 의해 시작되었다. 그로부터 17개월 전 트레이번 마틴을 살해한 조지 지머먼이 이날 무죄선고를 받았기 때문이다. 그 후 2014년에 또다시 에릭 가너와 마이클 브라운의 죽음으로 전국 규모의 항의시위가 일어나면

서 Black Lives Matter(BLM)는 인종주의에서 비롯된 흑인 대상 폭력, 그중에서도 특히 경찰 가혹 행위를 규탄하는 운동의 이름으로 자리 잡게 되었다.

당시 버락 오바마 대통령은 이러한 경찰 가혹 행위의 재발 방지를 위하여 1) 법원이 경찰의 인권 침해 행위를 조사할 수 있게 하고 2) 경찰의 전투용 화기 사용을 제한하는 등의 정책을 실행했으나 이는 트럼프 정부에 의해 모두 백지화되었다. 그 결과 2019년 경찰에 의해 살해당한 미국인은 총 1,098명이며, 이 가운데 흑인의 숫자는 백인의 세 배에 달하고, 2013~2019년의 가해자 경찰관 가운데 99퍼센트는 기소조차 되지 않았다.

이 책이 2018년 출간작이라서 언급되지 않은 주요 사건들을 추가로 정리해 본다. 2020년 2월 23일 조지아주 브런즈윅에서 비무장 상태로 조깅 중이던 아머드 아버리는 세 명의 백인 그레고리 맥마이클, 트래비스 맥마이클, 윌리엄 브라이언에게 추격당하다가 맥마이클 부자의 총에 맞아 사망했다. 이후 일반 시민에 의한 용의자 구금 및 무력 사용을 허용하는 조지아주의 시민체포법, 그리고 전직 경찰인 그레고리 맥마이클이 담당 검사들과 아는 사이라는 이유 때문에 두 달간 아무런 조치도 취해지지 않다가 「뉴욕 타임스」가 이 사건을 보도하고 사건 현장을 촬영한 동영상이 공개되면서 비난 여론이 확산되자 사건 발생 석 달 만에 맥마이클 부자가 체포되었다.

2020년 3월 13일 밤 켄터키주 루이빌의 자택에서 자고 있던 브리오나 테일러는 백인 경찰관 조너선 매팅리, 브렛 행키슨, 마일스 코스그로브의 총에 맞아 사망했다. 이 세 명의 사복 경찰관은 자신이 경찰임을 밝히지 않은 채 해당 주소지에 침입하는 것을 허용하는 영장을 갖고 있었다. 이들을 강도로 오인한 테일러의 남자 친구 케네스 워커가 쏜 총에 매팅리가 맞자 세 경관은 대응 사격을 했고 이 총탄에 테일러가 맞았다. 세 경관은 모두 불기소되었다. 행키슨만이 해고당했으나 테일러의 살해 혐의 때문이 아니라 테일러의 이웃집에 총을 쐈다는 이유에서였다.

2020년 5월 25일 미네소타주 미니애폴리스에서 위조지폐를 사용한 혐의로 신고된 조지 플로이드는 백인 경찰관 데릭 쇼빈에게 8분 46초간 목이 눌린 끝에 사망했다. 그의 마지막 말은 에릭 가너와 마찬가지로 "숨 막혀요"(I can't breathe)였다. 그 뒤로 이 문장은 BLM 시위의 팻말이나 구호에서 자주 사용되고 있다.

여기까지는 아마 한국인들도 뉴스를 통해, '아주 자세하게'까지는 아니더라도 한 번쯤 들어 봤음 직한 이야기일 것이다. 지금부터는 상대적으로 덜 알려진 이야기를 하도록 하겠다. BLM 시위대가 "희생자들의 이름을 말하십시오!"(Say their names!)라고 외칠 때 제일 먼저 불리는 이름은 항상 에밋 틸이다. 물론 그 전에도 백인들에게 사사로이 처형당한 흑인은 수없이 많지만 역사적으로 기록되고 널리 알려져서 공민권운동의 촉매가 된 사례는 에밋 틸이 최초이기 때문이다.

1955년 8월 미시시피주에서 열네 살 소년 에밋 틸은 스물한 살의 백인 여성 캐럴린 브라이언트에게 추파를 던졌다 혹은 휘파람을 불었다는 혐의를 받았다(증명된 바는 없다). 흑인 차별 정책이 여전히 존재하던—흑인 차별 정책이 공식적으로 폐지된 것은 1965년이다—시대에 남부 한가운데에서 흑인 남자가 백인 여자에게 추파를 던진다는 것은 있을 수 없는 일이었다. 며칠 뒤 캐럴린의 남편 로이 브라이언트와 그의 남동생 J. W. 밀럼은 틸을 납치하여 구타하고 신체를 훼손하고 머리를 총으로 쏴서 살해한 뒤에 시신을 강에 버렸다.

사체가 심각하게 훼손되었음에도 불구하고 틸의 어머니는 관 뚜껑을 열어 놓아서 조문객들이 시신을 볼 수 있게끔 하는 장례식을 택했다. 수만 명이 그의 장례식에 참석했고 이 사건은 전국적으로 보도되기에 이르렀다. 그해 9월 전원 백인인 배심원단은 브라이언트와 밀럼에게 무죄를 선고했다. 이후 이들은 한 잡지와의 인터뷰에서 자신들이 틸을 죽였다고 말했다. 미국의 일사부재리 원칙에 따르면 이미 무죄를 선고받은 피고에 대해서는 검찰이 항소할 수 없기 때문에 자백한 것이다.

한국의 뉴스 사이트 댓글 혹은 SNS를 보다 보면 BLM 운동 혹은 BLM 운동을 지지하는 한국인을 비난하는 사람들을 심심찮게 볼 수 있다. 나는 이들의 비난이 무지에서 비롯되었다고 생각한다. "죽은 흑인들 대부분은 전과가 있는 범죄자였다." 과거에 저지른 죄가 있으면 지금 경찰을 위협하지도 않았는데 적법한 사법절차를 거치지도 않고 길바닥에서 경찰에 의해 살해당하는 것이 정당한가? "흑인들이야말로 아시아인을 차별한다." '어떤' 흑인이 '어떤' 아시아인을 차별했으면 모든 흑인이 구타당하고 살해당해도 되나? "흑인 미국인들은 도대체 왜 저렇게 항상 화가 나 있나?"

몇 해 전 한 영국 배우가 미국의 토크쇼에서 유색인을 colored라고 지칭했다가 여론의 뭇매를 맞고 사과한 일이 있었다. 이 발언은 미국 역사에 대한 무지에서 나온 것이다. 미국에서 유색인을 가리키는, 정치적으로 올바른 표현은 people of color다. colored people과 사전적 의미는 똑같기 때문에 그는 이 표현을 단순히 '구시대적'이라고만 생각한 것이다.

그러나 흑인 차별 정책이 존재하던 시절에, 즉 버스 좌석에도 화장실에도 급수대에도 백인용/흑인용이 따로 나눠져 있던 시절에 팻말에 적혀 있던 단어는 White/Black이 아니었다. White/Colored였다. 이래도 뭐가 문제인지 모르겠다고? 조센진이란 조선인을 일본식으로 읽은 단어에 지나지 않는다. 그러나 조센진=조선인인가? 한국 사람이라면 이 말이 무슨 뜻인지 알 것이다. 사전적으로는 물론 같은 뜻이지만 일본인들은 조선인을 비하하는 의미로 저 단어를 사용했다. 그래서 2021년에도 조센진이라는 말을 듣고 화가 나지 않는 한국인은 없을 것이다(요즘은 재일 교포를 가리키는 자이니치가 멸칭으로 쓰인다).

이 경우도 마찬가지다. colored도, negro도 과거에 흑인을 비하하는 의미로 사용되었던 단어이기 때문에 사용해선 안 된다. 흑인들에게 왜 기분 나빠 하냐, 왜 화를 내냐고 묻는 것은 어불성설이다. 비슷한 예로, 과거에는 나이가 몇 살이든 간에 상관없이 백인들은 흑인 성인 남성을 boy라고 불렀다. 한국식으로 치면 난생처음 보는 성인 남자를 "야!"라고 부르는 것과 같다. 한마디로 자신과 동등한 인간으로는 생각하지 않았다는 증거다.

지금 든 예들은 과거에 사용되었던 어휘들이지만 저런 말을 대놓고 쓸 수 없게 된 오늘날에도, 당하는 사람 입장에서 보면 어이없는 인종차별은 일상적으로 일어난다. 맞은편에서 내가 걸어오는 것이 보이면 자기 핸드백을 움켜쥔

옮긴이의 말

다든가, 머리카락이 신기하다며 나에게 양해도 구하지 않은 채 대뜸 머리를 만진다든가, 둘이 참 잘 통할 것 같다며 소개해 준 사람과 나의 공통점이 흑인이라는 사실밖에 없다든가, 가게에서 주머니나 가방에 손을 넣고 있으면 도둑으로 오해받는다든가 하는 것은 그나마 사소한 차별 축에 속한다. (상대적으로 가난한) 흑인 동네에 사는 흑인 성인 남자는 수시로 불심검문을 당하고, 길거리에서 알몸 수색까지 당한다는 이야기를 듣고는 정말 경악을 금치 못했다.

이 책은 미국인 흑인들이 그렇게 일상적으로 겪는 불쾌한 일에서부터 백인 우월주의자에 의한 흑인 집단학살에까지 이르는 다양한 인종차별을, 회고록의 형식을 빌려 종으로 횡으로 집대성했다. 물론 이 책에 실린 사례를 다 합친다 해도 미국인 흑인들이 겪는 일의 극히 일부밖에 안 되겠지만 우리의 무지를 줄이는 데는 분명 도움이 될 것이다. 연대와 공감은 상대방에 대해 알아 나가는 것에서부터 시작된다.

2021년 봄<br>황가한

# 아임 스틸 히어

나는 지금도 여기에 있다

초판 1쇄 인쇄  2025년 6월 13일
초판 1쇄 발행  2025년 6월 23일

지은이  오스틴 채닝 브라운
옮긴이  황가한
펴낸이  박명준

| | | |
|---|---|---|
| 편집 | 박명준 | 펴낸곳 바람이 불어오는 곳 |
| 디자인 | 김진성 | 출판등록 2013년 4월 1일  제2013-000024호 |
| 제작 | 공간 | 주소 03041  서울 종로구 자하문로 5, 5층 |
| | | 전자우편 bombaram.book@gmail.com |
| | | 문의전화 010-6353-9330  팩스 050-4323-9330 |
| | | 홈페이지 bombarambook.com |

ISBN  979-11-91887-29-7  03300

• 이 책의 판권은 지은이와 바람이 불어오는 곳에 있습니다.
  이 책의 내용의 전부 또는 일부를 재사용하려면 반드시 양측의 서면 동의를 받아야 합니다.

• 잘못된 책은 구입하신 곳에서 교환할 수 있습니다.

**바람이불어오는곳** 은
삶의 여정을 담은 즐거운 책을 만듭니다.

bombaram.book